“船舶与海洋工程装备数字化设计”丛书

船舶电气系统数字化设计

陈　波　陈祖瑞　印士波
杨　辉　陈　宁　宋瑞银　著

哈爾濱工程大學出版社
Harbin Engineering University Press

内容简介

电气设备是船舶与海工装备生产设计的关键工程项目，其工程是保证船舶与海工装备系统完备、正常运行，带动船舶与海工装备机体心脏与血脉正常运行的中心与枢纽，因此在船舶与海工装备的设计中，数字化电气系统设计模块起着不可或缺的作用。本书以双化融合为引导，结合船舶与海工装备电气设备及系统的基本安装工艺和我国船舶工业自主数字化设计软件“东欣 SPD”系统的课题教学，从工程设计的角度，就船舶与海工装备的电气系统设计的工艺方法以及该软件的系统功能、特点、运行界面，电气标准管理，电气设备数字化设计原理，电气原理图处理，电气设备基座布置原则，电缆通道布置方法，电缆贯穿件的设计布置原则，电缆的数字化放样布置方法，电缆施工表册的统计输出方法，电气接线图输出方法，工艺图纸与图表的处理输出方法，托盘及生产用表的统计与输出方法等进行介绍，使学生掌握“东欣 SPD”系统的电气数字化设计模块的软件使用方法。

本书的主要读者是从事船舶数字化设计的工程技术人员，高等院校船舶与海洋工程相关专业的本、专科学生，特别是从事船舶与海工装备电气系统设计的工程技术人员。

图书在版编目(CIP)数据

船舶电气系统数字化设计 / 陈波等著. -- 哈尔滨 : 哈尔滨工程大学出版社, 2025. 2. -- ISBN 978-7-5661-4718-9

Ⅰ. U665

中国国家版本馆 CIP 数据核字第 20253SA011 号

船舶电气系统数字化设计
CHUANBO DIANQI XITONG SHUZIHUA SHEJI

选题策划 史大伟
责任编辑 丁月华
封面设计 李海波

出版发行 哈尔滨工程大学出版社
社　　址 哈尔滨市南岗区南通大街 145 号
邮政编码 150001
电　　话 0451-82519989
经　　销 新华书店
印　　刷 哈尔滨午阳印刷有限公司
开　　本 787 mm×1 092 mm　1/16
印　　张 12
字　　数 317 千字
版　　次 2025 年 2 月第 1 版
印　　次 2025 年 2 月第 1 次印刷
书　　号 ISBN 978-7-5661-4718-9
定　　价 65.00 元

http://www.hrbeupress.com
E-mail:heupress@hrbeu.edu.cn

“船舶与海洋工程装备数字化设计”

丛书编委会

前　　言

船舶及海工装备的数字化设计是实现船舶工业领域数字化、信息化融合的技术基础。经过多年的发展,我国已成为全球首屈一指的造船大国,每年的接单总量与交船总量均位于主要造船大国的首位。全行业大踏步发展,已基本实现全面的数字化设计,正在朝着由信息化引导的智能制造的方向稳步发展。

《船舶电气系统数字化设计》是从船舶与海工装备电气系统的工程设计的视角,对船舶与海工装备电气系统的数字化设计方法、工艺原则、工艺方法,以及工艺图、表、托盘的整理、统计与输出方法加以描述与介绍,并针对我国具有自主知识产权的大型船舶数字化设计软件——SPD 电气设计系统的电气数字化设计模块,从船舶与海工装备工艺设计的方法出发,对系统功能、特点、运行界面,电气标准管理,电气设备数字化设计原理,电气原理图处理,电气设备基座布置原则,电缆通道布置方法,电缆贯穿件的设计布置原则,电缆的数字化放样布置方法,电缆施工表册的统计与输出方法,电气接线图输出方法,工艺图纸与图表的处理与输出方法,托盘及生产用表的统计与输出方法等进行介绍,使学生掌握船舶与海工装备数字化设计软件“东欣”SPD 电气设计系统的使用方法。

本书由陈波、陈祖瑞、印士波、杨辉、陈宁、宋瑞银编著,具体分工如下:陈波负责第 1 章~第 7 章的编写,陈祖瑞负责第 8 章~第 10 章的编写,印士波负责第 11 章、第 12 章的编写,杨辉负责第 13 章的编写,陈宁负责第 14 章的编写,宋瑞银负责第 15 章的编写。全书由杨兴林教授负责主审。

本书在撰写过程中得到了沪东中华造船有限公司计算中心——上海东欣软件工程有限公司的大力支持与参与,同时获得了国内造船同行以及业界最大的网络论坛“龙 de 船人”大力支持,在此一并感谢。

本书涉猎的船舶数字化设计过程管理领域的技术面较广,有不足之处在所难免,希望能得到批评与指正。

著　者

2024 年 7 月

目　录

第一篇　船舶电气安装工艺

第二篇　SPD 电气设计系统

第一篇

船舶电气安装工艺

第1章　船舶与海工装备的电气设备及电缆的安装工艺

船舶与海工装备的电气设备是控制船舶与海工装备机械设备正常运行的中枢与大脑。在船舶与海工装备的电气设备的安装中，电缆是连接电气控制设备与机械设备的纽带，是构建智能船舶、保障船舶与海工装备安全运行、提升船舶与海工装备使用寿命的神经网络和枢纽。

1.1　安装工艺规范

1. 安装工艺规范适用范围

包括罗经、计程仪、测深仪、雷达等导航设备及其附件等的安装施工前准备，人员、工艺要求，工艺流程和检验。

适用于各类船舶导航设备的安装，但不包括有特殊要求的船舶。

2. 规范性引用文件

①《船舶电缆敷设工艺规范》。

②《船舶电气设备安装工艺规范》。

③《船舶电气设备和电缆接地工艺规范》。

3. 施工前准备

(1)技术资料

施工前，首先仔细阅读电气设备导电系统图，驾驶室设备布置图、接线图和导航设备托盘表。

(2)物资材料

施工前，了解导航系统设备的到货情况，设备均应有出厂合格证。掌握设备支架底座的到货情况，及时领取并上船安装。

(3)施工工具

施工前，应准备好螺丝刀、万用表、活络扳手、接地线、套管、锡箔纸、接地块等。

4. 人员要求

安装前应对施工人员进行专业知识和安全知识的应知、应会培训。具有工作经验的船舶电工才能上岗操作。

5. 工艺要求

(1)导航设备安装完毕后，外观应完好无损。

(2)导航设备安装位置应符合布置图要求。

(3)导航设备的电缆敷设应符合《船舶电缆敷设工艺规范》的规定。

(4)导航设备的安装应符合《船舶电气设备安装工艺规范》的规定。水声设备安装后应达到水密要求。

(5)导航设备的接地应符合《船舶电气设备和电缆接地工艺规范》的规定。

1.2 工艺方法

1.2.1 磁罗经的安装

(1)磁罗经的安装位置应尽可能远离船上强磁场区域、用永磁材料构成的电磁器件及磁罗经防磁区域,应按船级社或入籍国的规定安装。

(2)在罗经甲板安装磁罗经时,应尽可能安装在船舶中心线上,其方位基准线指向船首。如果偏离中心线安装,则其安装中心线应与船舶中心线平行,平行度不超过±5°。

(3)在罗经甲板安装磁罗经时,视野应尽可能不受遮挡。磁罗经应为防水型结构,在不使用时应加盖防水罩。

(4)驾驶室内磁罗经观察窗距地板高度为1 700~1 800 mm。

1.2.2 电罗经的安装

(1)航向分罗经安装在需要的舱室,如驾驶室、海图室、舵机舱等场所。方位分罗经安装在驾驶室外两翼的甲板上。

(2)主罗经应尽可能安装在船舶中心线上或其平行线上,安装基准线对准船首,平行度不超过±0.5°。

(3)进入装有主罗经的操舵台电缆应尽量向两边分开敷设,留出空间以便于主罗经的安装,并应保证主罗经基座安装误差可以调节。

(4)电罗经各部件的安装应根据制造厂提供的资料进行清洁、加液、定位、紧固和接线。

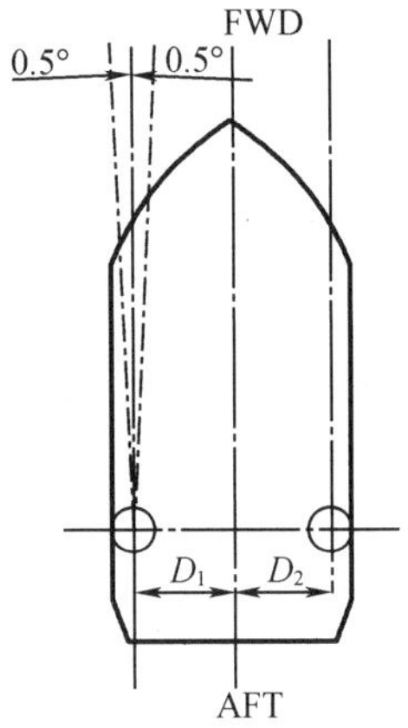

图1.1 方位分罗经定位图

(5)方位分罗经的首尾基准线应与船舶中心线平行,平行度不超过±0.5°,并应保证与船舶中心线的距离(D_1、D_2)相等,如图1.1所示(图中FWD表示船身方向,AFT表示船尾方向)。方位分罗经周围应无障碍物遮挡视线。

(6)方位分罗经的安装应保持水平,如用基座应垫有木垫,保证基座安装精度可以调节。

1.2.3 雷达的安装

(1)雷达天线一般应尽可能安装在船舶中心线上,保证天线旋转范围内无障碍物。

(2)在考虑船体结构和维护保养的前提下,尽可能将天线安装在较高的位置。

(3)为了减少假目标,雷达天线水平面不能和桅顶横桁处于同一平面,必须高于或低于横桁。若雷达天线低于桅顶横桁,则天线到桅顶横桁的垂直角应大于5°。若雷达天线高于桅顶横桁,则天线到桅顶横桁的俯视角应大于5°。

(4)雷达天线位置应远离其他无线电设备,还需避免天线主波束直接照射活动区和危险区。

(5)制造雷达桅时,应保证雷达桅上的雷达天线安装平台水平,并且有足够大的空间,便于安装和维修天线。

(6)S 波段雷达天线安装高度应高于 X 波段雷达天线的安装高度,并将天线上的船首标记对准船首方向。

①S 波段雷达天线底座与安装基座之间应用不锈钢双螺栓紧固。

②S 波段雷达天线底座与天线本体的接触面应涂一层硅化物,以防止不同金属之间发生电化学腐蚀。裂缝波导天线的窗口、性能监视器窗口均不能涂漆,以免造成灵敏度下降。

(7)雷达波导馈线应尽量短,尽可能少用接头和弯头,并采用制造厂提供的部件。若必须弯曲波导馈线,应保证弯曲半径大于 200 mm,并且保证波导管在水平方向弯曲时保持下降趋势,以防积水影响微波传送。

①为防止在运输安装过程中产生变形,波导馈线出厂时已加气密封,内部有一定的压力,因此,直到加工接口前都不能损坏它的密封性。

②波导馈线敷设应从雷达天线处开始自上而下顺势进行,不能随意扭曲以致产生变形,距波导管两端接口 0.4~0.7 m 处应设置紧固件,其余每隔 1.0~1.5 m 设置紧固件。固定波导馈线时,扎带和波导馈线之间应垫上橡皮垫,以免船舶震动时磨损波导馈线。

③波导馈线接口加工应按下列步骤进行:

(a)剥去外层护套长度 120 mm。

(b)用甲苯溶剂清除沥青。

(c)用制造厂提供的专用工具将接口扩大成喇叭状。

(d)装入专用接口件,注入固化剂,旋紧螺丝。

(e)待固化后,在波导馈线外层连接处缠绕防水胶带,最后将上、下接口对接固定。天线基座和收发机波导管接口处应分别嵌入聚四乙烯滤波片,防止积水进入机器内部。

④检查所有雷达单元安装是否牢固。

(8)雷达显示器应安装在远离电源变压器和由永磁材料构成的器件的地方,并确保罗经防磁干扰的安全距离。

①安装雷达收发机时要远离蒸汽管及发热体,应安装在通风条件良好的场所,并留有足够空间,保证波导馈线能顺势弯曲。

②连接雷达显示器与收发机的信号电缆的外层金属护套必须可靠接地。

1.2.4　测深仪的安装

(1)根据测深仪换能器围井布置图和测深仪制造商提供的安装资料在船底板上进行定位、划线、开孔和焊装法兰。

(2)测深仪换能器应尽量靠近龙骨安装,前方应平坦,无突出物,无吸水和排水口;安装方位无要求,可以按需安装。

(3)安装测深仪换能器时,在安装孔处先焊装一个临时三脚固定架,固定换能器,确保焊装法兰时船底平面保持平整。

(4)测深仪换能器法兰应先均匀搭焊矫正水平,倾斜度小于 3°。最后双面环焊,并将焊缝磨平。必要时在船底板上焊加强法兰。

(5)从船体外部把换能器本体平整地装入底座,压入带密封圈的法兰盘,紧固螺栓,在螺栓和法兰盘四周涂上环氧树脂,加以密封固定。测深仪换能器安装结构图如图 1.2 所示。

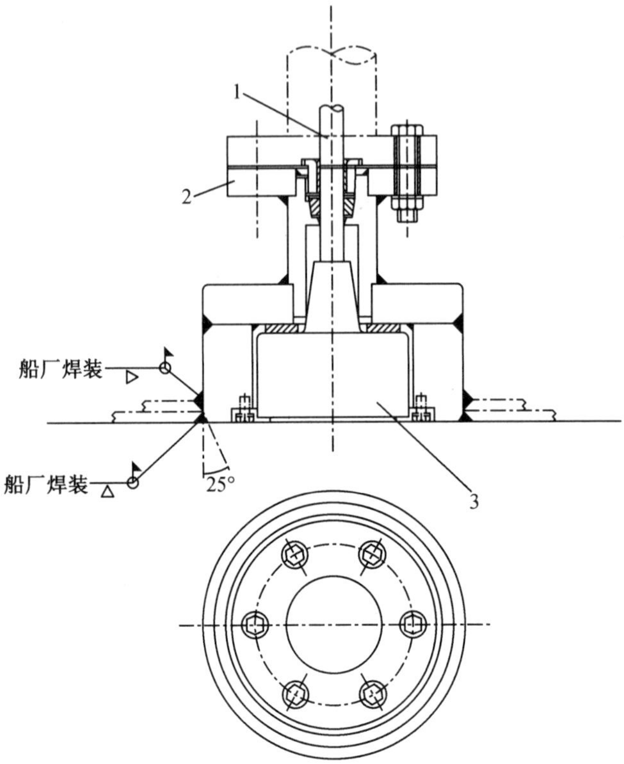

1—电缆;2—法兰;3—换能器头。

图 1.2　测深仪换能器安装结构图

(6)测深仪换能器安装结束后,应进行密封性试验,用 0.2 MPa 负压抽真空,保持 30 min,有漏气现象则重新安装。

(7)测深仪换能器与主机之间的随机电缆应穿管敷设。

(8)换能器与主机之间的随机电缆长度超过 30 m 时,应加匹配盒,匹配盒应安装在船体水线以上。

(9)测深仪换能器表面不得磨损、刮花,不得喷油漆,随机电缆的金属护套应良好接地。

1.2.5　计程仪的安装

(1)根据计程仪围井布置图和计程仪制造商提供的安装资料,在船底板上进行定位、开孔和焊装安装法兰,应靠近龙骨的船底平整区域。

(2)计程仪换能器前方应平坦,无突出物,无吸水和排水口,与测深仪换能器安装位置至少保持 1 m 以上距离。

(3)计程仪换能器法兰焊装完成后,在该法兰上安装维修用海水阀,然后在海水阀开启状态下由上而下插入换能器,直到换能器平面与船底板持平。压入法兰,嵌入密封圈和垫圈,紧固法兰螺栓,最后以环氧树脂封固。计程仪换能器安装结构图如图 1.3 所示。

(4)计程仪换能器安装结束后,应做密封性试验,用 0.2 MPa 负压抽真空,保持 30 min,如有漏气现象则重新安装。

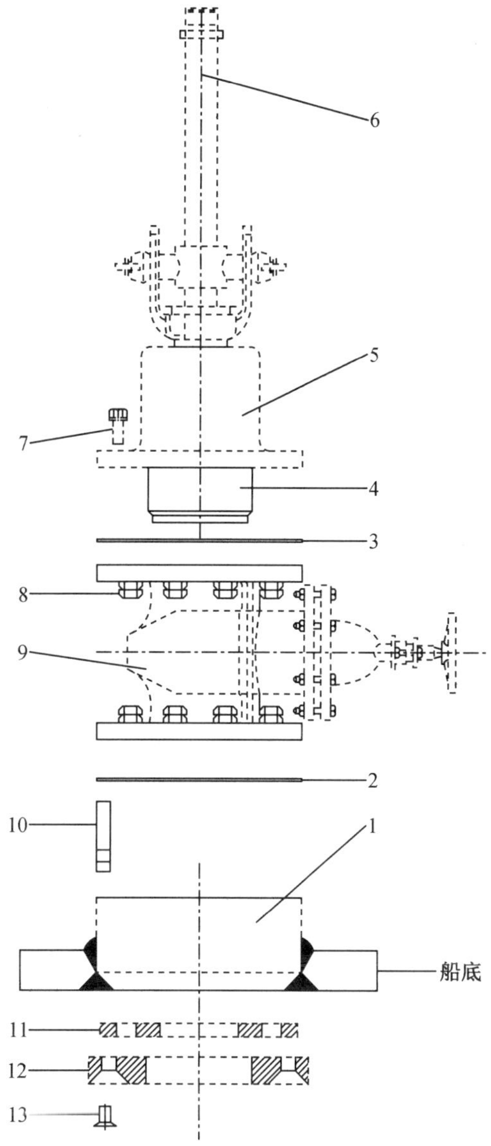

1—底法兰;2—密封圈 1;3—密封圈 2;4—换能器头;5—上法兰;6—连接管;7—螺栓;
8—螺帽;9—海水阀;10—定位销;11—锌环;12—导环;13—螺钉。

图 1.3　计程仪换能器安装结构图

(5)计程仪换能器的船首标记应对准船首方向,其中心线应与船舶中心线平行,平行度不超过±1°。

(6)计程仪换能器的随机电缆必须单独穿管敷设。每根信号电缆的芯线外屏蔽应良好接地。该接地端子与保护接地端子隔离。

(7)换能器表面不得磨损、刮花,不得喷油漆。

(8)计程仪收发讯处理器,应安装在靠近换能器的专门舱室内,该舱室应保持干燥通风,并有足够维修空间。

第 2 章　船用电缆及其安装

2.1　船用电缆

目前船用电缆有十几个种类,共几万个规格型号。船用电缆与普通电缆相比具有很多优点。船用电缆在船舶运行中处于枢纽地位,对船舶安全及人身财产安全起到极为关键的作用,所以船用电缆的制造标准十分严苛。将大量不同型号、规格的电缆按设计要求安装到船舶或海工装备上是船舶与海工装备电气安装工程的主要内容之一。

随着我国造船事业的蓬勃发展及船舶自动化程度的不断提高,船用电缆的品种及规格也越来越多,船用电缆按作用可分为:船用电力电缆、船用通信电缆、船用控制电缆、船用射频电缆、船用电线、船用同轴电缆、岸电电缆等。为了能够正确地选择与使用船用电缆,必须对各种船用电缆的结构和性能有所了解,这样才能避免因用错或选用不当接线电缆而造成不良结果。

2.1.1　船舶电缆的结构和性能

船用电缆主要由导电芯线、绝缘层和护套三部分组成。

1. 导电芯线

导电芯线是电缆传导电能的部分,一般是由不少于 7 根的 0.26~2.47 mm 的圆形铜丝绞合而成。船舶与海工装备用电缆可根据不同需要做成单芯、双芯、三芯和多芯的,其截面积也可根据不同载流量的需要做成 0.8~400 mm 的各种不同规格,以供设备连接使用。

2. 绝缘层

船用电缆按绝缘材料可分为:橡胶绝缘船用电缆、聚氯乙烯绝缘船用电缆、交联聚乙烯绝缘船用电缆等。要提高电缆的安全性与使用寿命,就必须提高电缆绝缘层的性能,并注意保护,所选用的电缆额定电压绝不能低于线路电压。电缆电压等级一般有交流 250 V(或直流 500 V)、交流 500 V(或直流 1 000 V),以及交流 660 V、交流 750 V、交流 1 000 V、交流 6 000 V 等多种等级(射频电缆和电子设备用线除外)。在选用电缆时还需考虑它们的热特性。电缆载流量的大小主要取决于它所采用的绝缘材料的耐温等级,在同样条件下,耐温等级越高,则载流量越大。规范规定,所选用绝缘材料耐温等级至少比环境温度高 10 ℃。在有些对电缆外径和质量要求较高的船舶上,可选用耐温等级较高的电缆。这样由于载流量提高,传输同样电流所需的电缆截面积就可以减小,质量也可以因此而减小。例如使用耐温 85 ℃的电缆比使用耐温 70 ℃的电缆质量可减小 20%左右,国际电工委员会(IEC)为加强标准化,推荐了几种绝缘材料,如表 2.1 所示。

表 2.1　绝缘材料及其允许温度

标号	绝缘材料的标准类型	允许温度/℃
60A	天然橡胶复合物(一般型)	60

表 2.1(续)

标号	绝缘材料的标准类型	允许温度/℃
60B	合成橡胶复合物(一般型)	60
60C	聚氯乙烯复合物(一般型)	60
60D	橡胶-氯丁橡胶混合绝缘材料	60
75A	天然橡胶复合物(耐热型)	75
75B	合成橡胶复合物(耐热型)	75
75C	聚氯乙烯复合物(耐热型)	75
80A	丁基漆胶复合物(特种耐热型)	80
80B	漆布绝缘材料	75
85A	石棉-清漆-漆布绝缘材料	85
95A	无机绝缘材料	95
95B	硅橡胶复合物	95

船用铠装电缆主要是指外层套有金属编织物的电缆,分钢丝编织和铜丝编织两大类,钢丝编织能使电缆更好地防止机械损伤;铜丝编织除能防止机械损伤外,主要还能起到屏蔽作用。

3. 护套

护套的主要作用是保护电缆免受油水、化学物质腐蚀和机械损伤。常用护套一般由氯丁橡胶复合材料或塑料铅合金等材料做成。为了使电缆能适应各种不同环境而设计的各种护套,一般都能满足耐潮、耐油、耐寒、耐热及滞燃等船用要求。

2.1.2 船用电缆的型号

根据不同的电网性质、用途和敷设环境,选择不同型号的电缆。船用电缆的使用需执行船舶或海工装备入籍的船级社规范。船用电力电缆主要参数有型号规格、芯数、燃烧特性、额定电压、温度、标称截面积等,其执行的标准为:《船舶电气装置 第 350 部分:船上和海上用电力、控制和仪表电缆的一般结构和试验方法》(ICE 60092-350:3532020 RLV)、《船舶电气设备 第 353 部分:额定电压 1 kV 和 3 kV 电力电缆》(ICE 60092-353:2024)、《船舶电气装置 额定电压 1 kV 和 3 kV 挤包绝缘非经向电场单芯和多芯电力电缆》(GB IT 9331—2008)。

通常情况下,电力电缆由内至外为导体(电缆芯)、绝缘层(绝缘层可以承受电网的电压)、填充及屏蔽层(由半导体或金属材料制成)、护层(保持电缆的绝缘性能)等几个主要部分,其绝缘性能的好坏将直接影响整个电气系统的安全与稳定运行,因此,IEEE、IEC/TC18 等国际标准对电缆的各性能都进行了明确规定。不同类型电缆绝缘层的厚度及机械性能在 GB 7594 中也有明确规定。

我国船舶与海工装备使用的电缆型号按《电线电缆产品型号编制方法》进行定义,电线电缆型号采用代表一定意义的汉语拼音字母和阿拉伯数字并列组成。船用电力电缆产品型号的组成及含义如下。

1. 船用电缆产品型号的组成

分类代号+绝缘+护套+派生+外护套。

2. 船用电缆产品型号中字母代号的意义

如表 2.2 所示。

表 2.2 船用电缆产品型号中字母代号的意义

分类代号		绝缘		护套		派生		外护套	
代号	意义	代号	意义	代号	意义	代号	意义	代号	意义
C	船用电力电缆	X	丁苯-天然橡皮	H	橡套	R	软	31	镀锌钢丝编织
				HF	非燃烧性橡套				
CH	船用电信电缆	XD	丁基橡皮	HY	耐油橡套	P	屏蔽	32	镀锡铜丝编织
				HD	耐寒套				
				Q	铝包				
				V	聚氯乙烯				

例如:CHF31 为船用非燃烧性橡套镀锌钢丝编织外护套电缆;CHF32 为船用非燃烧性橡套镀锡铜丝编织外护套电缆。

随着我国电缆工业的发展,近几年来,电缆型号越来越多,除上述型号中所述字母意义外,又引入了下列字母组成新的电缆型号。

F 表示氯丁护套,Y 表示硫化丁聚护套,E 表示乙丙橡皮绝缘,YA 表示氯磺化聚乙烯护套,

例如:CF 表示船用橡皮绝缘氯丁护套电缆,CY 表示船用橡皮绝缘硫化丁聚护套电缆,CEF 表示船用乙丙橡皮绝缘氯丁护套电缆,CEYA 表示船用乙丙橡皮绝缘与氯磺化聚乙烯护套电缆,CXDHY 表示船用丁基橡皮绝缘耐油橡套电缆,CHXDVP 表示船用丁基橡皮绝缘聚氯乙烯护套屏蔽电缆。

目前,我国业已成为国际上第一大造船大国,同时也消化吸收了不少国外的新型电缆,由于每个国家都有各自不同的电缆型号、规格及种类,因此在使用时应特别引起重视。

2.1.3 船用电缆的选用

船用电缆的选择必须严格按规定进行,这样才有利于船舶或海工装备的航行与安全作业。

1. 船用电缆的选择步骤

(1)按电缆的用途、敷设位置、工作条件来确定电缆型号。

按电缆的用途一般可分为电力照明网络和弱电控制网络两大类。在选用电缆时应按要求分别选用船用电力电缆和船用电信电缆,特别在弱电控制网络中,一般对屏蔽要求较高,更不能随意选择。

敷设在不同位置的电缆,由于工作环境不同,应该选择不同型号的电缆。一般来说,机舱的主机、锅炉、工质驳运设备场所由于油水较多,且容易受到机械损伤,应选用耐油性能

较好同时有金属编织外护套的电缆,如 CHY31;盥洗室、厕所和浴室等经常要冲水的地方,应选用密闭性较好的塑料外护套电缆或耐氧化的铜芯电缆,如 CHF32;一般舱室由于环境条件较好,原则上,现有的各种护套电缆均可使用;室外一般选用塑料外护套电缆或铜芯电缆。电缆敷在有阳光直接照射的场所要考虑护套的耐热与耐老化性能,通常露天场所不宜使用硫化丁聚物护套电缆。

冷藏室由于环境温度较低,且有大量冷凝水,最好能使用带铜丝编织外护套的电缆或带塑料护套的电缆。弱电舱室应采用带钢丝编织外护套的电缆,以防止无线电磁干扰。

在有易爆气体的舱室,如蓄电池室、油漆间等,应选用带塑料外护套的电缆。

(2)根据用电设备的工作方式、电源种类、电缆芯数和实际负载电流,按电缆允许的载流量选择电缆截面。

设备工作方式主要是指该设备是连续工作、间歇工作还是短时工作。连续工作的设备有发电机、照明变压器等,由于长期处于工作状态,所以电缆的发热系数较大。间歇工作的设备有起货机、舵机等。这类设备虽然工作时间较长,但由于是间歇工作,故电缆的发热系数要比长期工作的电缆系数小。短期工作的设备有火警、警铃等,由于平时较少使用,即使使用,其时间也较短,故电缆的发热系数可忽略不计。

电源通常分为两类,是指向电缆中供给流过的直流电或交流电的电源。

电缆芯数是决定电缆允许载流量的重要因素,一般来说,电缆芯数越大,允许载流量就越大。实际负载电流则是指考虑了负载系数和同时工作系数后的负载电流,以上这些都是选择电缆截面的重要因素。

(3)根据电线周围的环境温度及敷设方法(穿管或成束敷设),可对所选电缆截面的电流值加以修正,一般电缆由于环境温度低于 45 ℃,其所取电流值可适当增加。有些电缆承受负荷变化大,敷设线路经过各舱室(如机舱、锅炉舱等)的室内环境温度不同,加之各种管系,尤其是与蒸汽管系平行或交叉,因此所取电流值应较标准值略降低些。

船舶电缆穿管子时,长度小于 1.3 m,电流值无须修正,若超过 1.3 m,则电缆散热条件明显恶化,此时,必须降低电缆的电流允许值。

电缆长度超过 3 m,根数在 6 根以上,并同时一起敷设的称为成束电缆。随着船舶电气化、自动化程度的不断提高,电缆用量不断增加,电缆成束敷设的形式已被广泛采用。几十根到几百根电缆紧密靠在一起敷设,必然使电缆的发热和散热变得复杂,而自成系统的单根电缆载流量计算理论已无法推算成束后的载流量,通常是将单根电缆载流量乘以一个小于 1 的修正系数来解决。按国际电工委员会 1977 年的规定,电缆束内电缆载流量为单根敷设时的 85%,即修正系数为 0.85。有些国家是按束内不同电缆的根数来决定修正系数的。我国研究认为,成束电缆的载流量不仅与电缆芯数和截面积的大小有关,而且与电缆束的外形尺寸以及负载的分布有关。电缆束越接近圆形或方形,散热越差,因此,将电缆束敷设成扁钢形状为宜,较大负荷的电缆排在电缆束的外层对散热有利,若大负载电缆全部集中在电缆束的中央,则会使电缆束的工作环境变得恶劣。

电缆发热系数计算公式为

$$\text{同系数}=\frac{\text{同时通电的各电缆截面积总和}}{\text{电缆数总截面积}}=0.1\sim1$$

系数越大,发热越高。

由于成束以后电缆的载流量与单根电缆的载流量几乎无关,因此在选择电缆截面积时必须加以修正。

(4)根据用电设备允许的电压降,校验所选用的电缆截面是否恰当。

根据我国船级社(CCS)2024年颁布的《钢质海船入级与建造规范》的规定,当电缆在正常工作条件下承载大电流时,以主配电板或应急配电板的汇流排到任何安装点的电压降不应超过额定电压的66%。如蓄电池供电,其电压不超过50 V,则电缆的截面积可增10%。凡超过以上指标的,则应对电缆截面积进行重新选择,加以调换。

2. 电缆截面的确定

在按上述步骤选择电缆的基础上,选择电缆截面积时还应注意以下几点:

(1)发电机至主配电板的连接电缆,按发电机额定电流来选择。

(2)直流发电机的均压线,其选用截面积不少于正负电源电缆截面积的一半

(3)相复励、自励、恒压交流发电机采用直流均压线截面积应不小于励磁回路连接电缆截面积的一半。采用交流均压线时,截面积应选用大于2.5 mm^2 的电缆。

(4)电动机的连接电缆包括启动器在内,一般按电动机的额定电流选择。

(5)电源电缆截面积在2.5 mm^2 以下时,直流电动机的磁场导线可采用三芯电缆,如用3×1、3×1.5、3×2.5代替2×2.5+1×1等。

(6)分配电板的连接电缆应考虑所接负载的负荷系数及同时工作系数,并需考虑一定的余量。

(7)起货机分配电板的连接电缆截面积,应根据总负载电流乘以负载系数后的电流值来选择,负载系数由起货机形式及使用总数来决定。

(8)为保证敷设的电缆具有足够的机械强度,一般单芯、二芯、三芯电缆单根截面积选用1 mm^2 以上的电缆,多芯电缆单根截面积选用0.75 mm^2 的。

(9)为敷设方便,在直流电制中对截面积为25 mm^2 以上的电缆应采用单芯电缆。在对截面积为120 mm^2 以上的电缆,则采用2根较小截面积的电缆代替。

(10)在三相交流电制中,一般采用三芯电缆,当电缆截面较大时,可将单芯电缆或多根三芯电缆并联使用,如采用单芯电缆,则必须注意要拆除电缆外的铁质金属外套,避免单根穿管或穿甲板,并防止因产生窜动摩擦发热。

(11)进入蓄电池舱室的蓄电池电缆,宜选用单芯电缆,以减少芯线间短路的可能性,并便于接线。

(12)选用多芯电缆时,对于重要设备应考虑备用芯线,一般实用2~4芯,备用1芯;实用5~7芯,备用1~3芯;实用18~48芯,备用3~5芯。

(13)一般来说,信号系统不能与控制系统、电力系统共用一根多芯电缆,以防止互相干扰。

2.1.4 船用电缆的种类

1. 橡皮绝缘电缆

橡皮绝缘电缆绝缘层型号、主要用途及有关参数如表2.3~表2.6所示。

表 2.3 船用橡皮绝缘电缆绝缘层型号及其用途

序号	型号	名称	主要用途	允许线芯长工作基度上限/℃
1	CF	船用橡皮绝缘氯丁护套电缆	固定敷设	70
2	CF31	船用橡皮绝缘氯丁护套钢丝编织电缆	同 CF 型,用于防机械外力作用场所	70
3	CF32	船用橡皮绝缘氯丁护套铜丝编织电缆	同 CF 型,用于防干扰场所	70
4	CY	船用橡皮绝缘硫化丁聚护套电缆	同 CF 型,可接触油类	70
5	CY31	船用橡皮绝缘硫化丁聚护套钢丝编织电缆	同 CY 型,用于防机械外力作用场所	70
6	CY32	船用橡皮绝缘硫化丁聚护套铜丝编织电缆	同 CY 型,用于防干扰场所	70
7	CFR	船用橡皮绝缘硫化丁聚护套铜丝编织电缆	同 CY 型,用于连接移动电器设备	70
8	CYR	船用橡皮绝缘硫化丁聚护套铜丝软电缆	同 CY 型,用于连接移动电器设备	70
9	CV	船用橡皮绝缘聚氯乙烯护套电缆	同 CF 型	70
10	CEF	船用乙丙橡皮绝缘耐热氯丁护套电缆	固定敷设	85
11	CEF31	船用乙丙橡皮绝缘耐热氯丁护套钢丝编织电缆	同 CEF 型,用于防机械外力作用场所	85
12	CEF32	船用乙丙橡皮绝缘耐热氯丁护套铜丝编织电缆	同 CEF 型,用于防干扰场所	85
13	CEY	船用乙丙橡皮绝缘硫化丁聚护套电缆	同 CEF 型,可接触险类	85
14	CEY31	船用乙丙橡皮绝缘硫化丁聚护套钢丝编织电缆	同 CEY 型,用于机械外力作用场所	85
15	CEY32	船用乙内橡皮绝缘硫化丁聚护套铜丝编织电缆	同 CEY 型,用于防干扰场所	85
16	CEYH	船用乙丙橡皮绝缘氯磺聚乙烯护套电缆	同 CEF 型	85
17	CEYH31	船用乙丙橡皮绝缘氯磺化聚乙烯护套钢丝编织电缆	同 CEYH 型,用于防机械外力作用场所	85
18	CEYH32	船用乙丙橡皮绝缘氯磺化聚乙烯护套铜丝编织电缆	同 CEYH 型,用于防干扰场所	85
19	CEFR	船用乙丙橡皮绝缘耐热氯丁护套软电缆	同 CEF 型,用于连接移动电器设备	85
20	CEYR	船用乙丙橡皮绝缘硫化丁聚护套软电缆	同 CEF 型,用于连接移动电器设备	85
21	CEYHR	船用乙丙橡皮绝缘氯磺化聚乙烯护套软电缆	同 CEYH 型,用于连接移动电器设备	85
22	CVV	船用聚氯乙烯绝缘和护套电缆	固定敷设	65

表 2.4 橡皮绝缘电缆绝缘层参数(T)

导电线芯标称截面积/mm²	导电线芯结构根数/单线直径/(根/mm)	护套前计算外径/mm	电缆计算外径/mm		每千米电缆计算质量/(kg)			20 ℃时每千米电缆导电线芯直流电阻上限/Ω	每千米电缆线芯绝缘电阻下限/Ω		单根空气敷设连续工作载流量/A
			CF	CF31 CF32	CF	CF31	CF32		20 ℃	70 ℃	
0.75	7/0.37	3.1	6.1	7.3	52	88	105	25.3	150	0.15	13
1.00	7/0.43	3.3	6.3	7.5	57	94	111	18.7	150	0.15	16
1.50	7/0.52	3.6	6.6	7.8	65	103	121	12.3	150	0.15	20
2.50	7/0.68	4.0	7.0	8.2	81	121	141	7.23	150	0.15	26
4.00	7/0.85	4.6	7.6	8.8	101	144	165	4.62	150	0.15	35
6.00	7/1.03	5.1	8.1	9.3	125	171	193	3.15	100	0.10	11
10.00	7/1.33	6.4	9.4	10.6	182	235	261	1.89	001	0.10	61
16.00	7/1.70	7.5	10.5	11.7	255	314	342	1.16	100	0.10	81
25.00	7/2.12	9.2	12.2	13.4	367	435	467	0.743	100	0.10	106
35.00	7/2.50	10.3	14.3	15.5	609	588	626	0.534	100	0.10	135
50.00	19/1.83	12.4	16.4	17.6	693	783	826	0.367	50	0.05	165
70.00	19/2.12	13.8	17.8	19.0	878	976	1 023	0.274	50	0.05	205
95.00	19/2.50	16.7	20.7	21.9	1 193	1 306	1 361	0.197	50	0.05	250
120.00	37/2.00	18.2	22.2	23.4	1 428	1 549	1 608	0.158	50	0.05	290
150.00	37/2.24	20.3	25.3	26.5	1 820	1 947	2 023	0.126	50	0.05	335
185.00	37/2.50	22.5	27.5	28.7	2 219	2 368	2 440	0.101	50	0.05	385
240.00	61/2.24	25.6	31.6	32.8	2 924	3 095	3 177	0.476 4	50	0.05	465
300.00	61/2.50	28.3	34.3	35.5	3 565	3 750	3 839	0.061 3	50	0.05	525
400.00	61/2.85	31.9	38.2	40.1	4 612	4 821	4 922	0.047 2	50	0.05	625

表 2.4(续 1)

导电线芯标称截面积/mm^2	导电线芯结构根数/单线直径/(根/mm)	护套前计算外径/mm	电缆计算外径/mm		每千米电缆计算质量/(kg)			20 ℃时每千米电缆导电线芯直流电阻上限/Ω	每千米电缆线芯绝缘电阻下限/Ω		单根空气敷设连续工作载流量/A
			CF	CF31 CF32	CF	CF31	CF32		20 ℃	70 ℃	
0.75	7/0.37	6.2	9.2	10.4	118	170	195	25.6	150	0.15	11
1.00	7/0.43	6.6	9.6	10.8	101	185	211	18.9	150	0.15	13
1.5	7/0.52	7.1	10.1	11.3	151	208	235	12.5	150	0.15	17
2.5	7/0.68	8.1	11.1	12.3	192	254	284	7.32	150	0.15	22
4.00	7/0.85	9.1	12.1	13.3	243	311	343	4.68	150	0.15	29
6.00	7/1.03	10.2	14.2	15.4	340	418	456	3.19	100	0.10	37
10.00	7/1.33	12.8	16.8	18.0	499	592	636	1.91	100	0.10	51
16.00	7/1.70	15.0	19.0	20.2	691	796	845	1.18	100	0.10	68
25.00	7/2.12	18.3	22.3	23.5	996	1118	1176	0.753	100	0.10	90
35.00	7/2.50	20.6	25.6	26.8	1 338	1 477	1 544	0.541	100	0.10	110
50.00	19/1.83	24.7	29.7	30.9	1 837	1 998	2 075	0.372	50	0.05	140
70.00	19/2.12	27.6	33.6	34.8	2 396	2 578	2 666	0.278	50	0.05	170
90.00	19/2.50	33.4	40.4	41.6	3 386	3 604	3 709	0.200	50	0.05	210
120.00	37/2.00	36.4	43.4	44.6	4 017	4 251	4 363	0.160	50	0.05	245

表 2.4(续 2)

导电线芯标称截面积/mm^2	导电线芯结构根数/单线直径/(根/mm)	护套前计算外径/mm	电缆计算外径/mm		每千米电缆计算质量/(kg)			20 ℃时每千米电缆导电线芯直流电阻上限/Ω	每千米电缆线芯绝缘电阻下限/Ω		单根空气敷设连续工作载流量/A
			CF	CF31 CF32	CF	CF31	CF32		20 ℃	70 ℃	
0.75	7/0.37	6.7	9.7	10.9	135	199	216	25.6	150	0.15	10
1.00	770.43	7.1	10.1	11.3	151	208	235	18.9	150	0.15	11
1.5	7/0.52	7.7	10.7	11.9	176	236	265	12.5	150	2.15	14
2.5	7/0.68	8.7	11.7	12.9	229	294	335	7.32	150	0.19	19
4.00	7/0.05	9.8	12.8	14.0	295	366	400	4.68	051	0.15	25
6.00	7/1.03	11.0	15.0	16.2	412	495	535	3.19	100	0.10	32
10.00	7/1.33	13.8	17.8	19.0	614	712	759	1.91	100	0.10	44
16	7/1.70	16.2	20.2	21.4	867	978	1 031	1.18	100	0.10	58
25.00	7/2.12	19.7	23.7	24.9	1 262	1 392	1 454	0.753	001	0.10	77
35.00	7/2.50	22.2	27.2	28.4	1 700	1 848	1 919	0.541	100	0.10	94
50	19/1.83	26.6	32.6	33.8	2 428	1 092	2 689	0.372	50	0.05	120
70.00	19/2.12	29.7	35.7	36.9	3 071	3 264	3 357	0.278	50	0.05	145
95.00	19/2.50	36.0	43.0	44.2	4 332	4 554	4 665	0.200	50	0.05	180
120.00	37/2.00	39.2	46.2	47.4	5 157	5 405	5 525	0.160	50	0.05	205
150.00	37/2.24	43.7	51.7	52.9	6 465	6 773	6 877	0.128	50	0.05	240

表 2.5　橡皮绝缘电缆绝缘层参数(Ⅱ)

芯线数与截面	导电线芯结构根数/单线直径/(根/mm)	护套前计算外径/mm	电缆计算外径/mm		每千米电缆计算质量/(kg)			20 ℃时每千米电缆导电线芯直流电阻上限/Ω	每千米电缆线芯绝缘电阻下限/Ω		单根空气敷设连续工作载流量/A
			CF	CF31 CF32	CF	CF31	CF32		20 ℃	70 ℃	
4×1.0	7/0.43	8.5	11.5	12.7	167	231	262	18.9	150	0.15	10
5×1.0	7/0.43	9.5	12.5	13.7	202	272	305	18.9	150	0.25	10
7×1.0	7/0.43	10.5	14.5	15.7	281	361	400	18.9	150	0.15	9
10×1.0	7/0.43	13.8	17.8	19.0	395	492	539	19.1	150	0.15	8
(12)×1.0	7/0.43	14.3	18.3	19.5	430	531	579	19.1	150	0.15	—
14×1.0	7/0.43	15.1	19.1	20.3	482	587	638	19.1	150	0.15	7
16×1.0	7/0.43	16.1	20.1	21.3	542	652	705	19.1	150	0.15	—
19×1.0	7/0.43	17.1	21.1	22.3	611	726	782	19.2	150	0.15	6
24×1.0	7/0.43	20.3	25.3	26.5	829	296	1 033	19.2	150	0.15	6
(27)×1.0	7/0.43	20.9	25.9	27.1	894	1 035	1 102	19.2	150	0.15	—
30×1.0	7/0.43	21.7	26.7	27.9	963	1 108	1 178	19.2	150	0.15	6
(33)×1.0	7/0.43	22.6	26.6	28.8	1 040	1 190	1 262	19.2	150	0.15	—
37×1.0	7/0.43	23.6	28.6	29.8	1 139	1 294	1 369	19.2		0.15	5

表 2.5(续 1)

芯线数与截面	导电线芯结构根数/单线直径/(根/mm)	护套前计算外径/mm	电缆计算外径/mm		每千米电缆计算质量/(kg)			20 ℃时每千米电缆导电线芯直流电阻上限/Ω	每千米电缆线芯绝缘电阻下限/Ω		单根空气敷设连续工作载流量/A
			CF	CF31 CF32	CF	CF31	CF32		20 ℃	70 ℃	
4×1.5	7/0.52	9.2	12.2	13.4	195	243	968	12.5	150	0.15	13
5×1.5	7/0.52	10.2	14.2	15.4	273	352	390	12.5	150	0.15	12
7×1.5	7/0.52	11.2	15.3	16.5	331	415	456	12.5	150	0.15	11
10×1.5	7/0.52	14.8	18.8	20.0	468	571	631	12.6	150	0.15	10
(12)×1.5	7/0.52	15.4	19.4	20.6	513	619	671	12.6	150	0.15	—
14×1.5	7/0.52	16.3	20.3	21.5	578	689	742	12.6	150	0.15	9
16×1.5	7/0.52	17.3	21.3	22.5	651	768	824	12.6	150	0.15	—
19×1.5	7/0.52	18.4	22.4	23.6	739	198	920	12.6	150	0.15	8
24×1.5	7/0.52	22.0	27.0	28.2	566	1 141	1 212	12.6	150	0.15	8
27×1.5	7/0.52	22.5	27.5	28.7	6 901	1 218	1 290	12.6	150	0.15	—
30×1.5	7/0.52	23.4	28.4	29.6	1 163	1 318	1 392	12.6	150	0.15	7
(33)×1.5	7/0.52	24.5	29.5	30.7	1 267	1 427	1 504	12.6	150	0.15	—
37×1.5	7/0.52	25.5	31.5	32.7	1 461	1 631	1 714	12.6	150	0.15	6

表 2.6　橡皮绝缘电缆绝缘层参数(Ⅲ)

类别	抗拉强度下限/(kgf/cm²)	拉断伸长率(3%)下限	老化条件		老化系数下限	
			温度/℃	时间/h	K_1	K_2
绝缘	50	300	120±2	96	0.6	0.6
护套	70	250	80±2	96	0.7	0.7

(1)船用塑料绝缘塑料护套屏蔽控制电缆

该电缆型号为 CCV32,全称为船用聚氯乙烯护套镀锡铜丝编织屏蔽控制电缆。这种电缆具有耐热、耐油、耐燃、耐寒性能,并富有柔软性,由于这种电缆的护套全部由塑料制备,因而生产成本较低。

(2)船用移动特软电缆

该电缆型号为 CRHF,全称为船用橡皮绝缘氯丁护套特软电缆。主要用于船上移动电气设备,如航行灯、移动泵、电站等。

(3)船用橡皮绝缘护套密封电缆

该电缆适用于水下舰艇固定敷设、电力照明、一般控制及消磁装置,由于该电缆具有密封性能,所以允许其在海水中工作。

(4)船用橡皮绝缘铅包护套电缆

该电缆型号为 CQ,由于其护套由青铅制成,具有较好的密封性,因此其耐水、耐油性特别好,但因不能承受外力,经不起外加的机械力及多次弯曲,加上质量较大,起重施工困难,目前已经被逐步淘汰。

(5)船用通信及电子设备用电缆

①橡皮绝缘通信电缆。该电缆型号为 CHHYP32,主要在船舶电信装置及含电子器件设备中用于固定敷设,它的结构特点是在橡皮绝缘层外加金属化纸(铝箔纸)。

②船用对绞式电话电缆。这类电缆主要在船用电话及自动化系统、广播及自动化系统等线路中用于固定敷设,以防止串音的干扰。

③船用聚乙烯(或聚氯乙烯)绝缘信号电缆。这类电缆主要用于船舶的控制信号、通信设备及某些电子设备中。

2. 射频电缆

射频电缆在船上使用较为广泛,主要用于高频电子设备传输信号与电能,具有电气绝缘性能优异、吸水性低和化学稳定性等特点。目前,射频电缆的种类很多,下面做选择性的介绍。

(1)实心聚乙烯绝缘及橡皮绝缘同轴射频电缆

其主要作为天线与设备之间的馈电线或电子设备之间和内部高频连接线。

(2)聚乙烯半空气绝缘同轴射频电缆

它的特点是衰减较小,适用于传输高频、超高频的微弱信号或大功率信号,也可作为天线馈线,但使用时应特别注意接头的密闭,避免潮气侵入,影响其电气性能。

(3)聚四乙烯绝缘同轴射频电缆

其主要特点是能耐 250 ℃高温,可用作高温条件下的无线电设备馈电线或内部高温区连接线,以传输高频信号。

(4)强力射频电缆对称大功率射频电缆

其主要作为雷达、通信、电视及广播设备的大功率馈电线,用于传输高频电能。

(5)对称射频电缆

其主要用作对称天线的馈电线及各种射频设备的对称回路的馈电线或连接线。

(6)低噪声射频电缆

它的特点是当受冲击、振动和压力变化等机械作用时,其本身产生的噪声较小,适用于冲击、振动及高温条件下测量系统和高阻抗的通信装置传输微弱信号。

2.2 电缆支架

要使船舶与海工电气设备的安装能够正常进行,需要通过大量的各型电缆构建起电气控制设备与机械动力设备之间的联系纽带,实现令与行的完美配合。由于船舶与海工装备空间的限制以及安全性的要求,所有电缆均需分门别类、整齐美观地绑扎在扁钢电缆支架上,以便安装与维护。

2.2.1 扁钢电缆支架

1. 扁钢电缆支架型号含义

扁钢电缆支架型号含义如图 2.1 所示。从左至右前三位字母表示扁钢电缆支架代码,第一个方框中的数字表示扁钢电缆支架的宽度(*W*),第二个方框中的数字表示扁钢电缆支架的长度(*L*),“——”后的方框中的数字表示扁钢电缆支架的高度(*H*)。

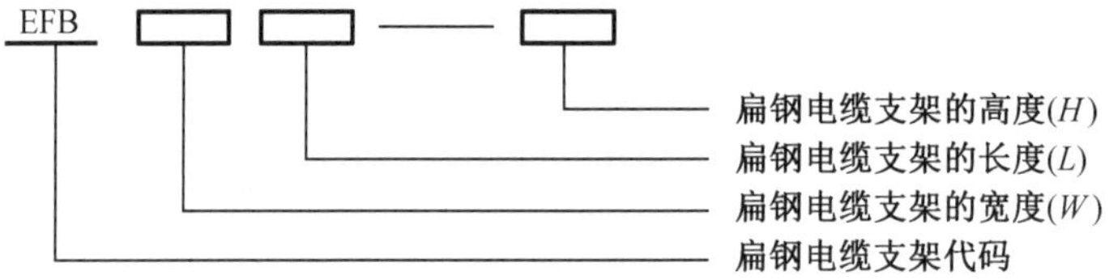

图 2.1 扁钢电缆支架型号含义

扁钢电缆支架作为船舶与海工装备生产中的中间产品零件为了使其设计与制造规范化,规定扁钢电缆支架的结构、型号和基本尺寸如图 2.2 和表 2.3 所示。

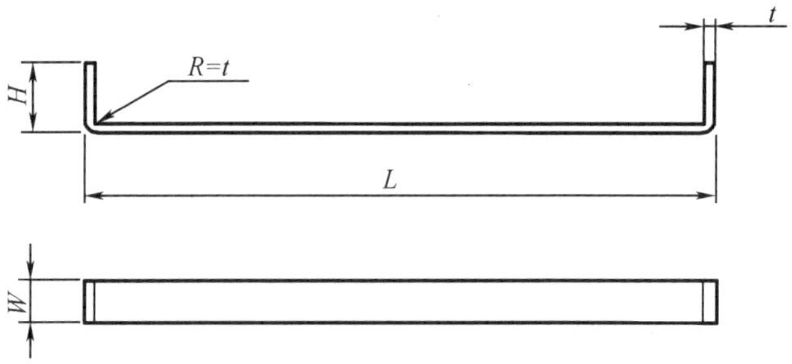

图 2.2 扁钢电缆支架的结构

注:本书图中数据除特别标注外单位均为 mm。

电缆支架设计时除了对扁钢电缆支架的长(*L*)、宽(*W*)、高(*H*)设计进行定义外,还要对所选扁钢的厚度(t)及扁钢的折弯半径(R)做出定义,以便生产部门采购材料和进行加工。

表 2.10　扁钢电缆支架的型号和基本尺寸　　单位:mm

型号	宽(W)	长(L)	厚(t)	高(H)									
				25	50	70	100	150	200	250	300	400	500
EFB33-H	30	300	4	×	×	×	×	×	×	×			
EFB35-H	30	500	4	×	×	×	×	×	×	×			
EFB43-H	40	300	4	×	×	×	×	×	×	×	×		
EFB45-H	40	500	4	×	×	×	×	×	×	×	×		
EFB75-H	70	500	5		×	×	×	×	×	×	×	×	×

扁钢电缆支架标记示例如下:

扁钢电缆支架,宽 W=30 mm,长 L=300 mm,高 H=70 mm,应标记为:扁钢电缆支架 EFB33-70 QJ/XXSI XX-000. X-2008。标记中"33"的前一个"3"表示宽 W=30 mm,后一个"3"表示长 L=300 mm;"70"则表示高 H=70 mm;"QJ/XXSI XX-000. X-2008"表示执行某企业 2008 年编制的某一版本的企业标准。

2. 扁钢电缆支架制作要求

扁钢电缆支架制作的技术要求:材料选用碳素结构钢 Q235-A,符合《碳素结构钢》(GB/T 700-2006)标准;扁钢电缆支架在制作时应平整,无裂痕、锐边和毛刺;同时,对于扁钢电缆支架,除特殊注明外,都应经热镀锌处理;而且,通过装焊的方式,依照所设计的设备与动力电缆、控制电缆的走向,将其安装在船舶与海工装备的结构件上。

其质量检验要求:可以作为安装在目标船舶或海工装备生产中的中间产品零件,扁钢电缆支架应由制造厂技术检验部门验收,并出具合格证,同时,经生产厂家验收过的扁钢电缆支架,其验收合格标签上应具有下列标志:

①制造厂名称;

②产品型号及标准号;

③制造日期;

④检验合格印章。

2.2.2　冷库扁钢电缆支架

1. 冷库扁钢电缆支架型号含义

冷库扁钢电缆支架型号含义如图 2.3 所示。从左至右前三位字母表示冷库扁钢电缆支架代码,第一个方框中的数字表示冷库扁钢电缆支架的宽度(W),第二个方框中的数字表示冷库扁钢电缆支架的长度(L),"——"后的方框中的数字表示冷库扁钢电缆支架的高度(H)。

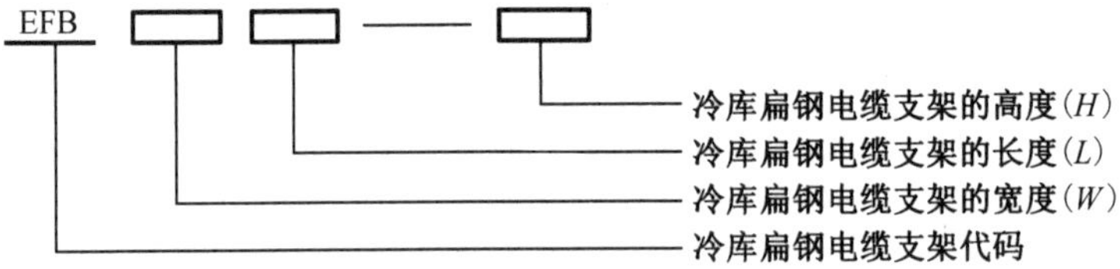

图 2.3　冷库扁钢电缆支架型号含义

2. 冷库扁钢电缆支架的结构

与扁钢电缆支架的结构不同，冷库扁钢电缆支架是利用螺栓安装在冷库的库壁结构上的，因此其结构长度是电缆绑扎长度+60 mm，两端各保留 18 mm 的水平螺栓安装段，其结构如图 2.4、图 2.5 所示，型号和基本尺寸如表 2.11 所示。

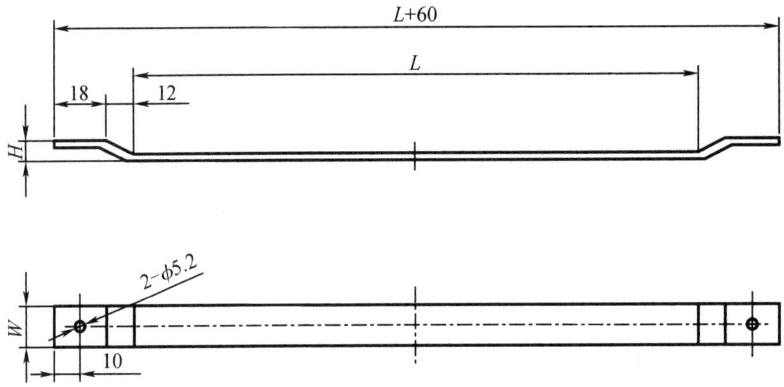

图 2.4　EFC33 型冷库扁钢电缆支架的结构

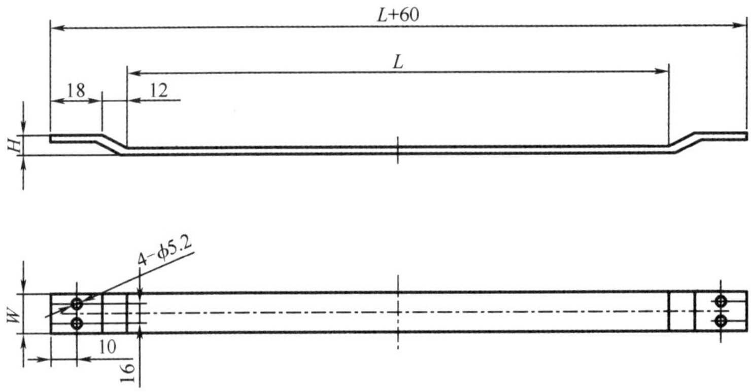

图 2.5　EFC35 型冷库扁钢电缆支架的结构

表 2.11　冷库扁钢电缆支架的型号和基本尺寸　　单位：mm

代码	宽(W)	长(L)	厚(t)	高(H)
EFC33-H	30	300	2.5	10
EFC35-H	30	500		

冷库扁钢电缆支架标记示例如下：

扁钢电缆支架，宽 $W=30$ mm，长 $L=500$ mm，高 $H=10$ mm，应标记为：扁钢电缆支架 EFC35-10 QJ/XXSI XX-000. X-2008。标记中“35”的“3”表示宽 $W=30$ mm，“5”表示长 $L=500$ mm；“10”则表示高 $H=10$ mm；“QJ/XXSI XX-000. X-2008”表示执行某企业 2008 年编制的某一版本的企业标准。

3. 冷库扁钢电缆支架制作要求

冷库扁钢电缆支架技术要求：冷库扁钢电缆支架采用不锈钢板加工而成，材料为 1Cr13［《不锈钢热轧钢板和钢带》（GB/T 4237—2015）］；冷库扁钢电缆支架应平整，无裂痕、锐边和毛刺；而且，应通过螺栓紧固的方式，依照所设计的设备与动力电缆、控制电缆的走向，将其安装在船舶与海工装备的冷库壁板结构上。

其质量检验要求：冷库扁钢电缆支架应由制造厂技术检验部门验收，并出具合格证，可以作为安装在目标船舶或海工装备生产中的中间产品零件。同时，经生产厂家验收过的冷库扁钢电缆支架，其验收合格标签上应具有下列标志。

①制造厂名称；

②产品型号及标准号；

③制造日期；

④检验合格印章。

2.2.3　管口电缆支架

管口电缆支架是各类电缆总线向单个设备分线时通过管道穿线，在管口处对电缆进行固定，防止电缆在穿线管内窜动，避免造成电缆损伤、引发事故的一种工艺措施。因此，管口电缆支架有其特有的分类标准、技术要求、选用标准、安装和制造检验方法以及标志。

1. 管口电缆支架型号含义

管口电缆支架型号含义如图 2.6 所示。从左至右前三位字母表示管口电缆支架代码，第一个方框中的数字表示管口电缆支架的宽度（W），“——”后的第二个方框中的数字表示管口电缆支架的高度（H）。

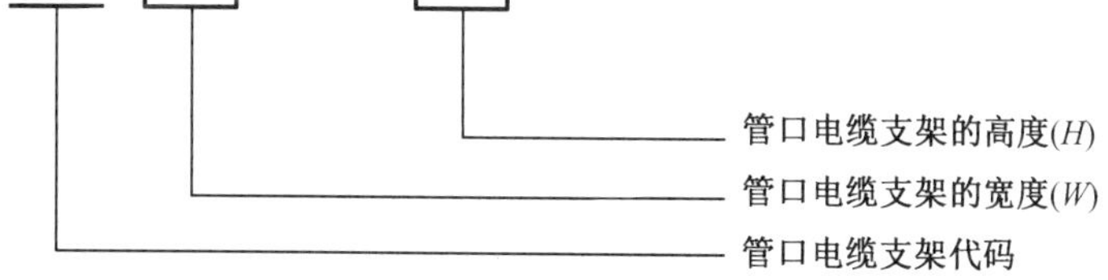

图 2.6　管口电缆支架型号含义

2. 管口电缆支架的结构

与扁钢电缆支架和冷库扁钢电缆支架的结构不同，管口电缆支架的一端焊接在电缆的穿线管端口的外壁上，另一端悬空于管口外端，并向管口圆心折弯，利用电缆扎带与电缆固定在一起，防止由于震动而引发电缆在管口窜动，使得电缆的绝缘层受损，引发事故。因此其结构通常固定长度为 106 mm，绑扎电缆扎带的自由端长度为 26 mm，为防止电缆绑扎带松脱，顶端外翻垂直边,高度 10 mm。其结构如图 2.7 所示,型号和基本尺寸如表 2.12 所示。

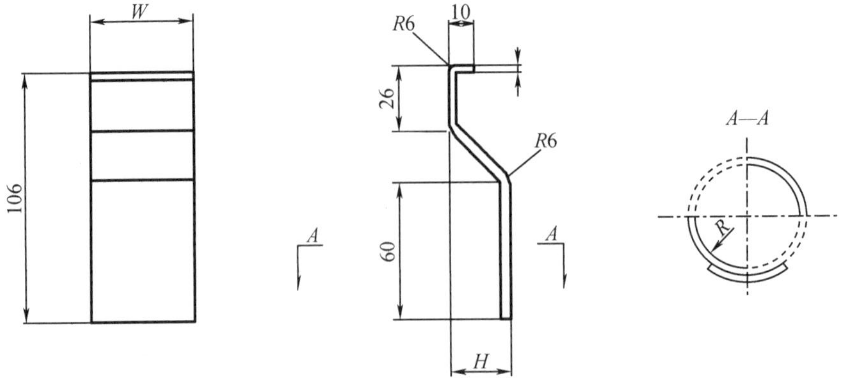

图 2.7　管口电缆支架的结构

表 2.12　管口电缆支架的型号和基本尺寸

单位:mm

型号	宽(*W*)	高(*H*)	厚(*t*)	半径(*R*)	适用范围(管口通径)
EFP30-10	30	10	3	20	20~32
EFP40-12	40	12		30	32~50
EFP50-15	50	15		45	50~100

注:通径 100~150 mm 管子可以采用 2 只 EFP50-15(用 EFP50-15×2 表示)支架;通径 150 mm 以上管子可以采用 3 只 EFP50-15(用 EFP50-15×3 表示)支架。

管口电缆支架安装如图 2.8 所示。

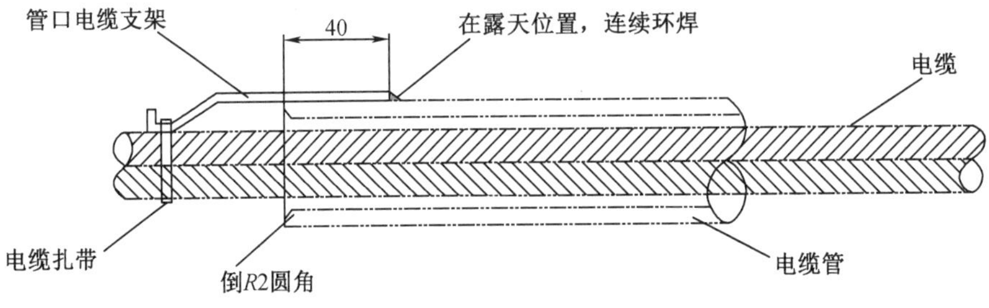

图 2.8　管口电缆支架安装图

管口电缆支架标记示例如下:

管口电缆支架,宽 $W=40$ mm,高 $H=12$ mm,应标记为:管口电缆支架 EFP40-12 QJ/XXSI XX-000. X-2008。标记中“40”表示管口电缆支架的宽度 $W=40$ mm;“-”后的“12”表示管口电缆支架的高 $H=12$ mm;“QJ/XXSI XX-000. X-2008”表示执行某企业 2008 年编制的某一版本的企业标准。

3. 管口电缆支架制作要求

管口电缆支架技术要求:采用扁钢加工而成,材料为碳素结构钢 Q235-A(GB/T 700—

2006)；管口电缆支架应平整，无裂痕、锐边和毛刺；管口电缆支架除特别注明外，应经热镀锌处理；而且，管口电缆支架固定端需整形成圆弧状，通过焊接与穿线管固定在一起，另一端伸出管口，用于绑扎电缆。

其质量检验要求：作为安装在目标船舶或海工装备生产中的中间产品零件，管口电缆支架应由制造厂技术检验部门验收，并出具合格证。同时，经生产厂家验收过的管口电缆支架，其验收合格标签上应具有下列标志。

①制造厂名称；

②产品型号及标准号；

③制造日期；

④检验合格印章。

2.3 电　缆　筒

电缆筒是船舶与海工装备中电缆铺设穿越甲板、舱壁、结构梁的一种重要的构件。电缆筒分为椭圆形电缆筒和圆形电缆筒两类，椭圆形电缆筒又分为非水密、B0 级、A 级和露天甲板 A60 级四种，圆形电缆筒又分为非水密、B0 级和 A 级三种，如表 2.13 所示。

表 2.13　电缆筒分类

类别	序号	电缆筒名称	代号	备注
椭圆形电缆筒	1	非水密椭圆形电缆筒	EGT-××C×	保护电缆贯穿横梁纵骨或非水密甲板和舱壁
	2	B0 级椭圆形电缆筒	EGT-××B×	保护电缆贯穿 B0 级防火甲板或舱壁
	3	A 级椭圆形电缆筒	EGT(K)-××A×	保护电缆贯穿 A0 级以上防火或防水甲板和舱壁。
	4	露天甲板 A60 级椭圆形电缆筒	EGT-××X×	保护电缆贯穿 A60 级防火露天甲板
圆形电缆筒	1	非水密圆形电缆筒	EGY ××C	保护电缆贯穿横梁纵骨或非水密甲板和舱壁
	2	B0 级圆形电缆筒	EGY-××B	保护电缆贯穿 B0 级防火甲板或舱壁
	3	A 级圆形电缆筒	EGY(K)-××A	保护电缆贯穿 A0 级以上防火或防水甲板和舱壁

2.3.1　椭圆形电缆筒

椭圆形电缆筒是电缆贯穿甲板、舱壁、结构梁等船舶与海工装备结构件时的主要部件，通过与甲板、舱壁、结构梁间的装焊，安装在船舶与海工装备电缆贯穿的位置，起着保护贯穿电缆、增强结构强度的作用。

1. 椭圆形电缆筒型号含义

椭圆形电缆筒型号含义如图 2.9 所示。从左至右前三位字母表示椭圆形电缆筒代码，“(K)”代表了电缆筒带浇注孔的标记，“——”后的第一个方框中的两位数字表示椭圆形电缆筒的宽度(W)，第二个方框中的两位数字表示椭圆形电缆筒的高度(H)，第三个方框中的字母表示椭圆形电缆筒的长度(L)代码，第四个方框中的数字表示椭圆形电缆筒的厚度(t)代码，通常有 1~6 mm，2~8 mm，3~10 mm 等规格。电缆筒长度(L)代码与电缆筒长度对照如表 2.14 所示，电缆筒厚度(t)代码与电缆筒厚度对照如表 2.15 所示。

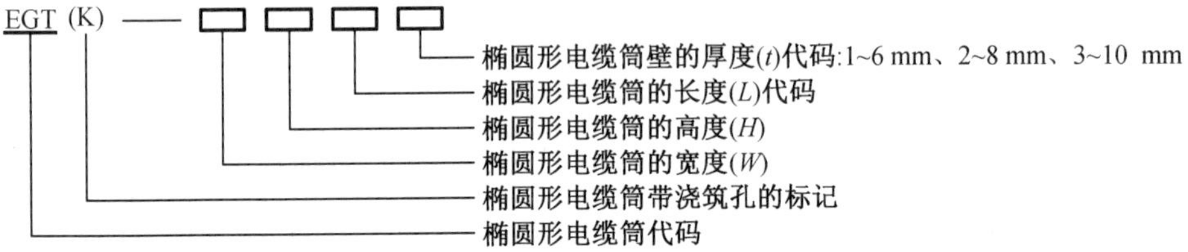

图 2.9　椭圆形电缆筒型号含义

表 2.14　椭圆形电缆筒的长度(L)代码与电缆筒长度对照表　　单位:mm

电缆筒的长度代码	C	B	A	X
电缆筒的长度(L)	50	100	250	450

表 2.15　椭圆形电缆筒的厚度(t)代码与电缆筒厚度对照表　　单位:mm

电缆筒的厚度代码	1	2	3
电缆筒的厚度(t)	1~6	2~8	3~10

2. 椭圆形电缆筒的结构

椭圆形电缆筒的结构、型号和基本尺寸，如图 2.10 和表 2.16 所示。

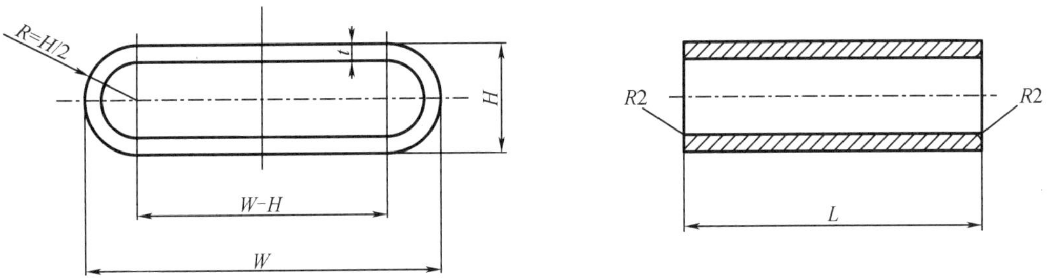

图 2.10　椭圆形电缆筒的结构

表 2.16　椭圆形电缆筒的型号和基本尺寸

型号	筒宽 (*W*)/mm	筒高 (*H*)/mm	筒长(*L*)/mm				筒壁厚 (*t*)/mm			截面积 /mm²
			50	100	250	450	6	8	10	
EGT-1006C1	100	60	×				×			3 730
EGT-1006B1				×			×			
EGT-1006A1					×		×			
EGT-1508C1	150	80	×				×			8 392
EGT-1508B1				×			×			
EGT-1508A1					×		×			
EGT-1508C2			×					×		8 112
EGT-1508B2				×				×		
EGT-1508A2					×			×		
EGT-1508X2						×		×		
EGT-1510C1		100	×				×			10 482
EGT-1510B1				×			×			
EGT-1510A1					×		×			
EGT-1510C2			×					×		
EGT-1510B2				×				×		9 742
EGT-1510A2					×			×		
EGT-1510X2						×		×		
EGT-2010C2	200	100	×					×		13 942
EGT-2010B2				×				×		
EGT-2010A2					×			×		
EGT-2010X2						×		×		
EGT-2010C1			×				×			14 482
EGT-2010B1				×			×			
EGT-2010A1					×		×			
EGT-2512C1	250	120	×				×			23 201
EGT-2512B1				×			×			
EGT-2512A1					×		×			
EGT-2512C2								×		22 015
EGT-2512B2	250	120		×				×		22 015
EGT-2512A2					×			×		
EGT-2512C3			×						×	20 854
EGT-2512B3				×					×	
EGT-2512A3					×				×	
EGT-2512X3						×			×	

表 2.16(续 1)

型号	筒宽 (*W*)/mm	筒高 (*H*)/mm	筒长(*L*)/mm				筒壁厚 (*t*)/mm			截面积 /mm²
			50	100	250	450	6	8	10	
EGT-3512C2	350	120	×					×		32 415
EGT-3512B2				×				×		
EGT-3512A2					×			×		
EGT-3512C3			×						×	30 854
EGT-3512B3				×					×	
EGT-3512A3					×				×	
EGT-3512X3						×			×	
EGT-4512C2	450	120	×					×		42 815
EGT-4512B2				×				×		
EGT-4512A2					×			×		
EGT-4512C3			×						×	40 854
EGT-4512B3				×					×	
EGT-4512A3					×				×	
EGT-4512X3						×			×	
EGT-5512C2	550	120	×					×		53 215
EGT-5512B2				×				×		
EGT-5512A2					×			×		
EGT-5512C3			×						×	50 854
EGT-5512B3				×					×	
EGT-5512A3					×				×	
EGT-5512X3						×			×	
EGT-6512C2	650	120	×					×		63 615
EGT-6512B2				×				×		
EGT-6512A2					×			×		
EGT-6512C3	650	120	×						×	60 854
EGT-6512B3				×					×	
EGT-6512A3					×				×	
EGT-6512X3						×			×	
EGT-2525C2	250	250	×					×		43 005
EGT-2525B2				×				×		
EGT-2525A2					×			×		
EGT-2525C3			×						×	41 548

表 2.16(续 2)

型号	筒宽 (W)/mm	筒高 (H)/mm	筒长(L)/mm				筒壁厚 (t)/mm			截面积 /mm²
			50	100	250	450	6	8	10	
EGT-2525B3				×					×	
EGT-2525A3	250	250			×					41 548
EGT-2525X3						×			×	
EGT-3525C2			×					×		
EGT-3525B2				×				×		66 405
EGT-3525A2					×			×		
EGT-3525C3	350	250	×						×	
EGT-3525B3				×					×	64 548
EGT-3525A3					×				×	
EGT-3525X3						×			×	
EGT-4525C2			×					×		
EGT-4525B2				×				×		89 805
EGT-4525A2					×			×		
EGT-4525C3	450	250	×						×	
EGT-4525B3				×					×	87 548
EGT-4525A3					×				×	
EGT-4525X3						×				
EGT-5525C2			×					×		
EGT-5525B2				×				×		103 205
EGT-5525A2					×			×		
EGT-5525C3	550	250	×						×	
EGT-5525B3				×					×	10 548
EGT-5525A3					×				×	
EGT-5525X3						×			×	
EGT-6525C2			×					×		
EGT-6525B2				×				×		126 605
EGT-6525A2					×			×		
EGT-6525C3	650	250	×						×	
EGT-6525B3				×					×	123 548
EGT-6525A3					×				×	
EGT-6525X3						×			×	

在椭圆形电缆筒中还有一类带有浇注孔的椭圆形电缆筒。在电缆贯穿甲板或水密舱壁时，由于水密的需要，椭圆形电缆筒上需要开装浇注孔，以便在电缆安装结束后，通过该孔注入密封胶，使电缆筒的进出口与电缆间形成密封，阻止海水通过该孔灌入。带浇注孔的椭圆形电缆筒的型号、基本尺寸以及结构如表 2.17 和图 2.11、图 2.12 所示。

表 2.17　带浇注孔的椭圆形电缆筒的型号和基本尺寸

型号	筒宽 (*W*)/mm	筒高 (*W*)/mm	筒长 (*L*)/mm	壁厚 (*t*)/mm	截面积 /mm^2
EGT(K)-1006A1	100	60	250	6	3 730
EGT(K)-1508A1	150	80		6	8 392
EGT(K)-1510A1		100			10 482
EGT(K)-1508A2		80		8	8 112
EGT(K)-1510A2		100			9 742
EGT(K)-2010A1	200	100		6	14 482
EGT(K)-2010A2		120		8	13 942
EGT(K)-2512A1	250			6	23 201
EGT(K)-2512A2		250		8	22 015
EGT(K)-2512A3				10	20 854
EGT(K)-2525A2				8	43 005
EGT(K)-2525A3		120		10	41 548
EGT(K)-3512A2	350			8	32 415
EGT(K)-3512A3		250		10	30 854
EGT(K)-3525A2				8	66 405
EGT(K)-3525A3				10	64 548
EGT(K)-4512A2	450	120		8	42 815
EGT(K)-4512A3				10	40 854
EGT(K)-4525A2		250		8	89 805
EGT(K)-4525A3				10	87 548
EGT(K)-5512A2	550	120		8	53 215
EGT(K)-5512A3				10	50 854
EGT(K)-5525A2		250		8	113 205
EGT(K)-5525A3				10	110 548
EGT(K)-6512A2	650	120		8	63 615
EGT(K)-6512A3				10	60 854
EGT(K)-6525A2		250		8	126 605
EGT(K)-6525A3				10	123 548

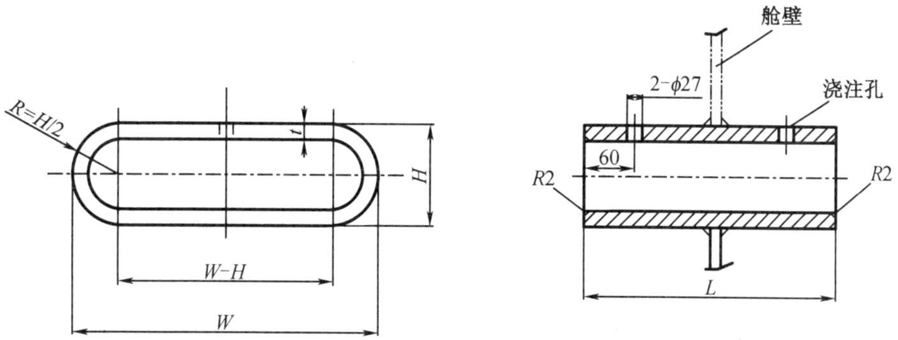

图 2.11 单组浇注孔的椭圆形电缆筒的结构（$W\leqslant 350$ mm）

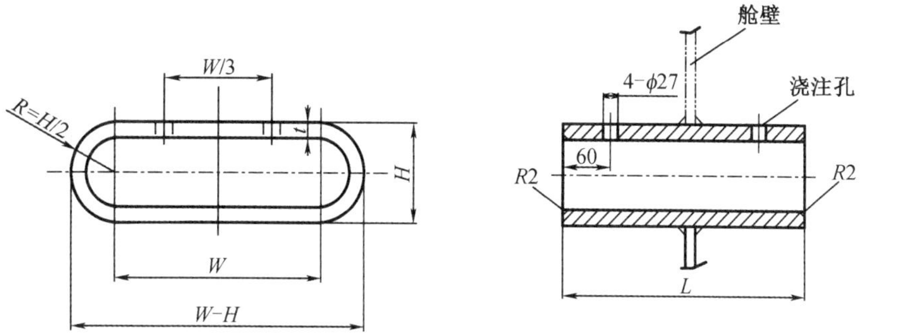

图 2.12 双组浇注孔的椭圆形电缆筒的结构（$W\geqslant 450$ mm）

椭圆形电缆筒标记示例如下：

（1）椭圆形电缆筒，筒宽 $W=150$ mm，筒高 $H=80$ mm，筒长 $L=50$ mm，筒壁厚 $t=6$ mm，应标记为：椭圆形电缆筒 EGT-1508C1 QJ/XXSI XX-000-2008。其中，"EGT"为椭圆形电缆筒代码；"-"后的"150"表示电缆筒的宽度 $W=150$ mm；"8"表示筒高 $H=80$ mm；"C"表示选用的是 C 型结构，其长度 $L=50$ mm；"1"表示选用第 1 类型的板材，筒壁厚 $t=6$ mm；"QJ/XXSI XX-000-2008"表示执行某企业 2008 年编制的某一版本的企业标准。

（2）椭圆形电缆筒，筒宽 $W=350$ mm，筒高 $H=120$ mm，筒长 $L=100$ mm，筒壁厚 $t=8$ mm，应标记为：椭圆形电缆筒 EGT-3512-B2 QJ/XXSI XX-000-2008。其中，"EGT"为椭圆电缆筒代码；"-"后的"35"表示电缆筒的宽度 $W=350$ mm；"12"表示筒高 $H=120$ mm；"B"表示选用的是 B 型结构，其长度 $L=100$ mm；"2"表示选用第 2 类型的板材，筒壁厚 $t=8$ mm；"QJ/XXSI XX-000-2008"表示执行某企业 2008 年编制的某一版本的企业标准。

（3）带浇注孔的椭圆形电缆筒，筒宽 $W=550$ mm，筒高 $H=250$ mm，筒长 $L=250$ mm，筒壁厚 $t=10$ mm，应标记为：带浇注孔的椭圆形电缆筒 EGT(K)-5525A3 QJ/XXSI XX-000-2008。其中，"EGT"为椭圆电缆筒代码；"(K)"表示带有浇注孔；"-"后的"55"表示电缆筒的宽度 $W=550$ mm；"25"表示筒高 $H=250$ mm；"A"表示选用的是 A 型结构，其长度 $L=250$ mm；"3"表示选用第 3 类型的板材，筒壁厚 $t=10$ mm；"QJ/XXSI XX-000-2008"表示执行某企业 2008 年编制的某一版本的企业标准。

2.3.2 圆形电缆筒

圆形电缆筒是保护电缆贯穿船舶或海工装备的横梁、纵骨或非水密甲板、舱壁，B0 级防火甲板或舱壁，以及 A0 级以上防火或防水甲板和舱壁的主要部件。

1. 圆形电缆筒型号含义

圆形电缆筒型号含义如图 2.13 所示。从左至右前三位字母代表了圆形电缆筒代码，“(K)”表示圆形电缆筒带浇注孔的标记，“——”后的第一个方框中的两位数字表示圆形电缆筒的公称通径(d)，第二个方框中的字母表示圆形电缆筒长度(L)代码。

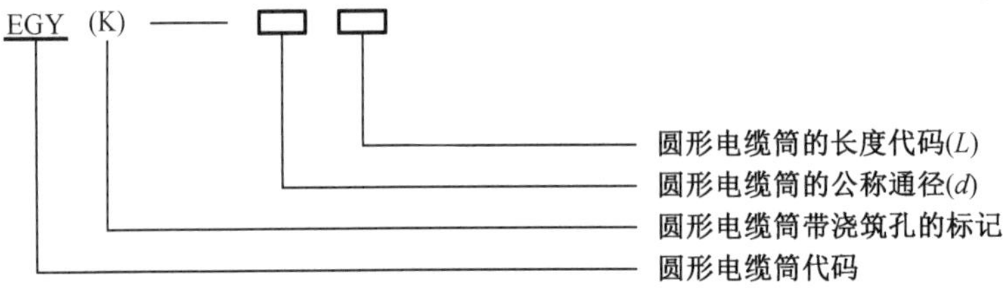

图 2.13　圆形电缆筒型号含义

圆形电缆筒结构、型号和基本尺寸，如图 2.14 和表 2.18 所示。

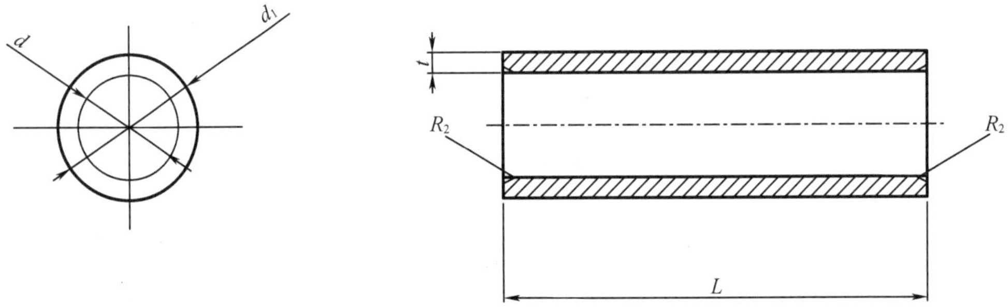

图 2.14　圆形电缆筒的结构

表 2.18　圆形电缆筒的型号和基本尺寸

型号	公称通径 /mm	筒外径 (d_1)/mm	筒内径 (d)/mm	筒壁厚 (t)/mm	筒深 (L)/mm	截面积 /mm^2
EGY-40C	40($1''_{1/2}$)	48.0	41.0	3.5		1 257
EGY-50C	50(2″)	60.0	53.0	3.5		1 963
EGY-65C	65($2''_{1/2}$)	75.5	68.8	3.75	50	3 318
EGY-80C	80(3″)	88.5	80.5	4		5 027
EGY-100C	100(4″)	114	106.0	4		7 854
EGY-40B	40($1''_{1/2}$)	48.0	41.0	3.5		1 257
EGY-50B	50(2″)	60.0	53.0	3.5		1 963
EGY-65B	65($2''_{1/2}$)	75.5	68.8	3.75	100	3 318
EGY-80B	80(3″)	88.5	80.5	4		5 027
EGY-100B	100(4″)	114	106.0	4		7 854

表 2.18(续)

型号	公称通径 /mm	筒外径 ($d1$)/mm	筒内径 (d)/mm	筒壁厚 (t)/mm	筒深 (L)/mm	截面积 /mm²
EGY-40A	40($1''_{1/2}$)	48.0	41.0	3.5	250	1 257
EGY-50A	50(2″)	60.0	53.0	3.5		1 963
EGY-65A	65($2''_{1/2}$)	75.5	68.8	3.75		3 318
EGY-80A	50(3″)	88.5	80.5	4		5 027
EGY-100A	100(4″)	114	106.0	4		7 854

2. 圆形电缆筒的结构

如椭圆形电缆筒一样,在圆形电缆筒中还有一类带有浇注孔的圆形电缆筒,其作用是在电缆贯穿甲板或水密舱壁时,便于在电缆安装结束后,通过该孔注入密封胶,使电缆筒的进出口与电缆间形成密封,阻止海水通过该孔灌入。带浇注孔的圆形电缆筒的结构型号及基本尺寸如图 2.15、表 2.19 所示。

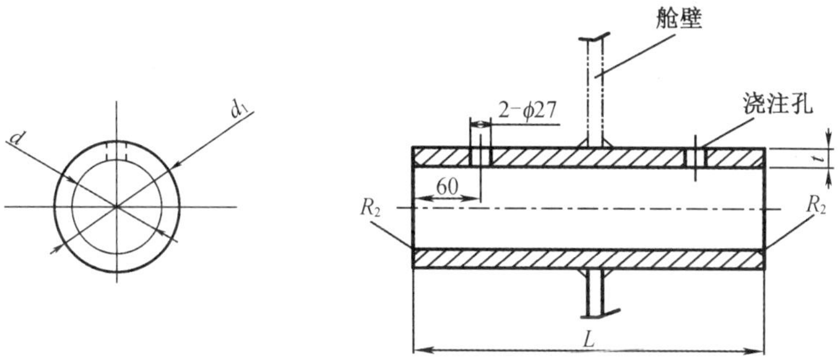

图 2.15　带浇注孔的圆形电缆筒的结构

表 2.19　带浇注孔的圆形电缆筒的型号和基本尺寸

型号	公称通径 /mm	筒外径 (d_1)/mm	筒内径 (d_1)/mm	筒壁厚 (t)/mm	筒深 (L)/mm	截面积 /mm²
EGY(K)-40A	40($1''_{1/2}$)	48.0	41.0	3.5	250	1 257
EGY(K)-50A	50(2″)	60.0	53.0	3.5		1 963
EGY(K)-65A	65($2''_{1/2}$)	75.5	68.8	3.75		3 318
EGY(K)-80A	80(3″)	88.5	80.5	4		5 027
EGY(K)-100A	100(4″)	114	106.0	4		7 854

圆形电缆筒标记示例如下。

(1)圆形电缆筒,公称通径 $d=50$ mm,筒长 $L=50$ mm,应标记为:圆形电缆筒 EGY-50C QJ/XXSI XX-000-2008。其中,“EGY”为圆电缆筒代码;“-”后的“50”表示电缆筒的宽度 $W=50$ mm;“C”表示选用的是 C 型结构,其长度 $L=50$ mm;“QJ/XXSI XX-000-2008”表示

执行某企业 2008 年编制的某一版本的企业标准。

(2)带浇注孔的圆形电缆筒,公称通径 $d=80$ mm,筒长 $L=250$ mm,应标记为:带浇注孔的椭圆形电缆筒 EGY(K)-80A QJ/XXSI XX-000-2008。其中,“EGY”为圆电缆筒代码;“(K)”表示带有浇注孔;“-”后的“80”表示电缆筒的宽度 $W=80$ mm;“A”表示选用的是 A 型结构,其长度 $L=250$ mm;“QJ/XXSI XX-000-2008”表示执行某企业 2008 年编制的某一版本的企业标准。

3. 电缆筒的制作要求

电缆筒材料如表 2.20 所示。

表 2.20 电缆筒材料

型号	部件名称	材料		
		名称	牌号公称通径	标准号
1	椭圆形电缆筒	钢板	Q235-A	GB 700—1998
2	圆形电缆筒	镀锌焊接钢管	钢	GB/T 3091—1993

电缆筒的技术要求:

检验时,电缆筒应无裂痕、锐边和毛刺。电缆筒口应有不小于半径为 2 mm 的圆角,筒内光滑、无毛刺。

圆形电缆筒端口和浇注孔涂防锈底漆(二度),椭圆形电缆筒加工后应经酸洗磷化和涂防锈底漆二度处理。

电缆筒完工后应由制造厂技术检验部门验收,在电缆筒的适当位置应标明其型号,并出具合格证。电缆筒经验收合格的产品的标签上应具有下列标志。

①制造厂名称;

②产品型号及标准号;

③制造日期;

④检验合格印章。

2.4 轻型电缆托架

轻型电缆托架主要是用作船舶与海工装备电缆在船舱内布线的架空通道,船舶与海工装备的动力与控制电缆由轻型电缆托架支撑,由动力电流源和控制信号源输送到执行的终端设备。

2.4.1 轻型电缆托架的分类

轻型电缆托架分为组合电缆托架和单只电缆托架两类,每类各分单层、双层两种,轻型电缆托架分类如表 2.21 所示,轻型组合电缆托架长度代码和托架长度对照如表 2.22 所示。

表 2.21　轻型电缆托架分类表

类别	序号	名称	代号
轻型组合电缆托架	1	轻型单层组合电缆托架	ECL
	2	轻型双层组合电缆托架	E2CL
轻型单只电缆托架	3	轻型单层单只电缆托架	ESL
	4	轻型双层单只电缆托架	E2SL

表 2.22　轻型组合电缆托架长度代码和托架长度对照表

托架长度代码	1	2	3	4	5	6
托架长/mm	660	960	1 260	1 560	1 860	2 160

轻型组合电缆托架型号含义如图 2.16 所示。从左至右第一个方框中的字母(或字母夹数字)表示轻型组合电缆托架代码,第二个方框中的三位数字表示轻型组合电缆托架的宽度(*W*),第三个方框中的数字表示轻型组合电缆托架的长度(*L*)代码,“——”后的方框中的字母表示轻型组合电缆托架的高度(*H*)。

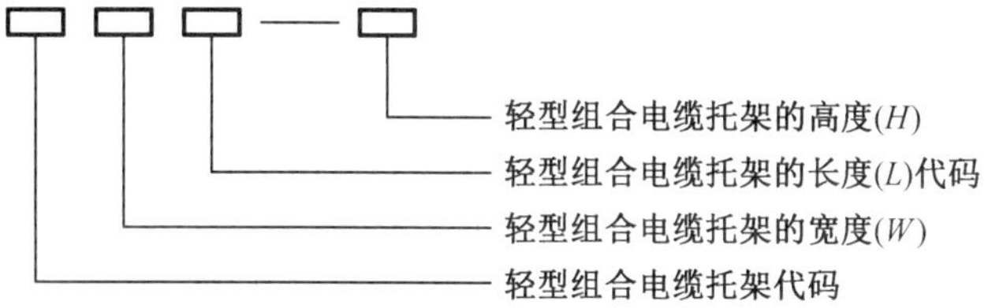

图 2.16　轻型组合电缆托架型号含义

轻型单层组合电缆托架结构、型号如图 2.17 所示,轻型双层组合电缆托架结构如图 2.18 所示,型号及基本尺寸如表 2.23 所示。

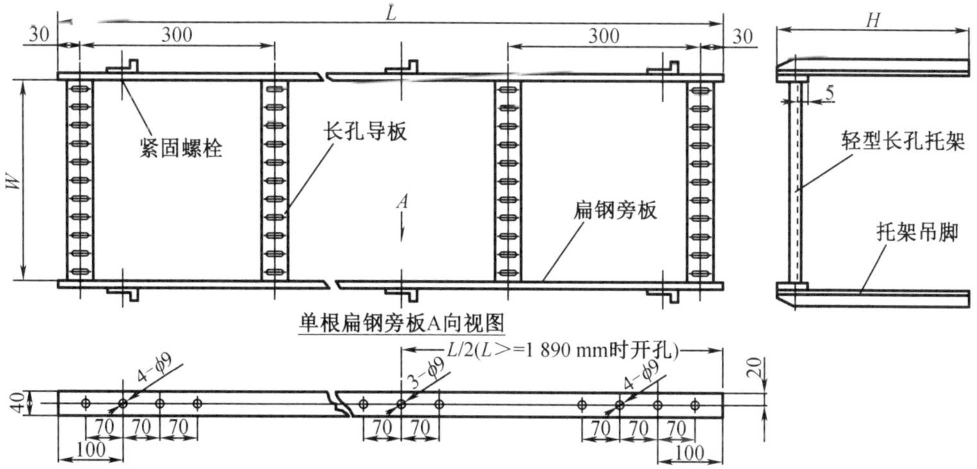

图 2.17　轻型单层组合电缆托架的结构

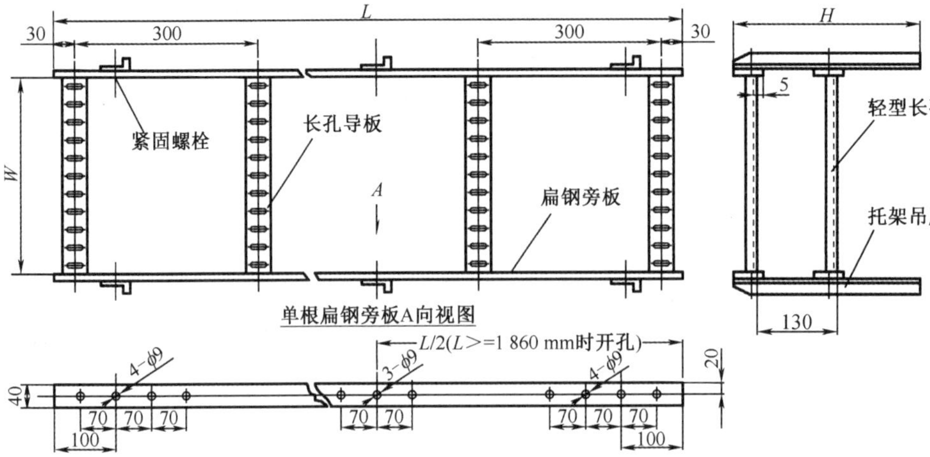

图 2.18　轻型双层组合电缆托架的结构

表 2.23　轻型组合电缆托架的型号和基本尺寸

型号	托架宽度(W)/mm	轻型长孔托架		托架高度(H)/mm 吊脚代码		紧固螺栓
		代码	数量/个	130≤H≤300	300<H≤1 200	
ECL200＊-H	200	CL200＊	1	ZA31-H	ZA41-H	M8
ECL300＊-H	300	CL300＊	1			
ECL400＊-H	400	CL400＊	1			
ECL500＊-H	500	CL500＊	1			
E2CL200＊-H	200	CL200＊	1	ZA32-H	ZA42-H	M8
E2CL300＊-H	300	CL300＊	1			
E2CL400＊-H	400	CL400＊	1			
E2CL500＊-H	500	CL500＊	1			

托架长度代码(＊)	1	2	3	4	5	6
托架长度(L)/mm	660	960	1 260	1 560	1 860	2 160
吊脚数量(成对)	2	2	2	2	3	3

注:①当电缆托架吊脚长不相等时,可用前脚长/后脚长表示组合电缆托架高度(H)。

②当电缆托架非顶式安装时,电缆托架吊脚可以反向安装。

2.4.2　轻型组合电缆托架通用组件(不包括紧固件)

轻型组合电缆托架是由标准的通用件组合拼装而成,它包括轻型长孔导板、轻型长孔托架、托架吊脚等。

轻型长孔导板是一种U形的在底边等距开有腰孔的镀锌钢质导板,如图2.19所示,其代码和基本尺寸如表2.24所示。

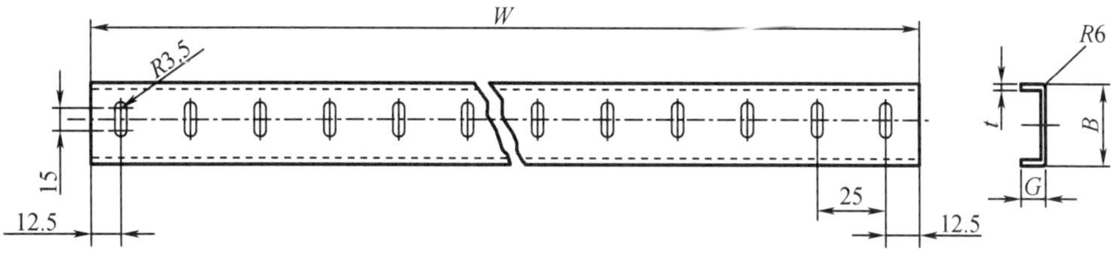

图2.19　轻型长孔导板

表2.24　轻型长孔导板的代码和基本尺寸

代码	W/mm	G/mm	B/mm	厚度 t/mm	长孔数/个	质量/kg
L-2	200	12	40	3	8	0.25
L-3	200				12	0.39
L-4	200				16	0.50
L-5	200				20	0.62

轻型长孔托架是由带等距孔的扁钢旁板和按等距焊接的长孔导板组成。轻型长孔托架结构如图2.20所示,其代码和基本尺寸参数如表2.25所示。

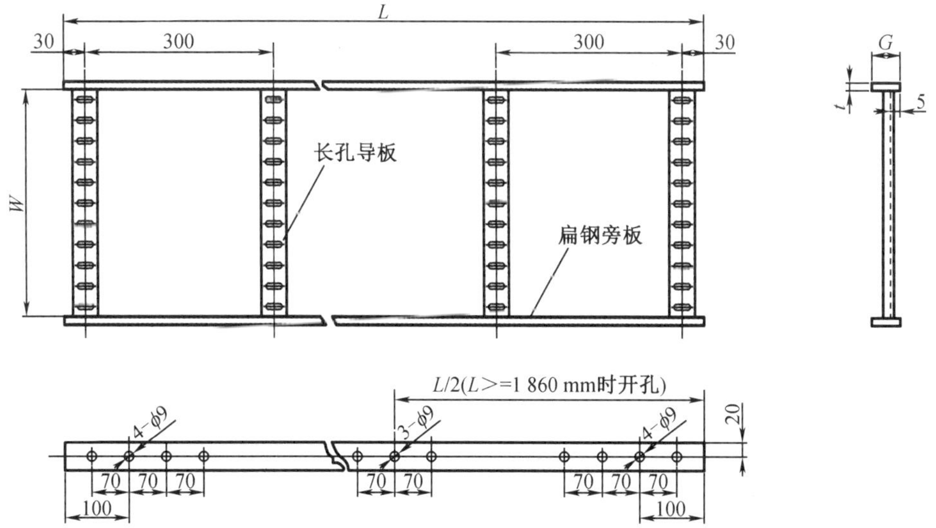

图2.20　轻型长孔托架的结构

表 2.25　轻型长孔托架代码和基本尺寸

代码	托架宽度(W)/mm		长孔导板(代码)		扁钢旁板规格($G\times t$)/mm	
CL200 *	200		L-2		40×6	
CL300 *	300		L-3			
CL400 *	400		L-4			
CL500 *	500		L-5			
托架长度代码(*)	1	2	3	4	5	6
托架长(L)/mm	660	960	1 260	1 560	1 860	2 160
旁板开孔组数	2	2	2	2	3	3

托架吊脚分为左吊脚和右吊脚,通常由 30 mm×30 mm 的角钢制成,又分为单层和双层托架吊脚。托架吊脚有 ZA31、ZA32、ZA41、ZA42 四种类型,其结构分别如图 2.21～图 2.24 所示,代码和基本尺寸如表 2.26 所示。

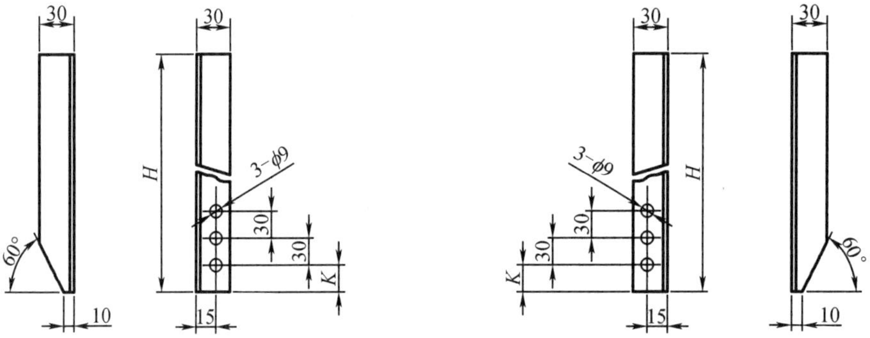

左吊脚　　右吊脚

图 2.21　ZA31 型单层托架吊脚的结构

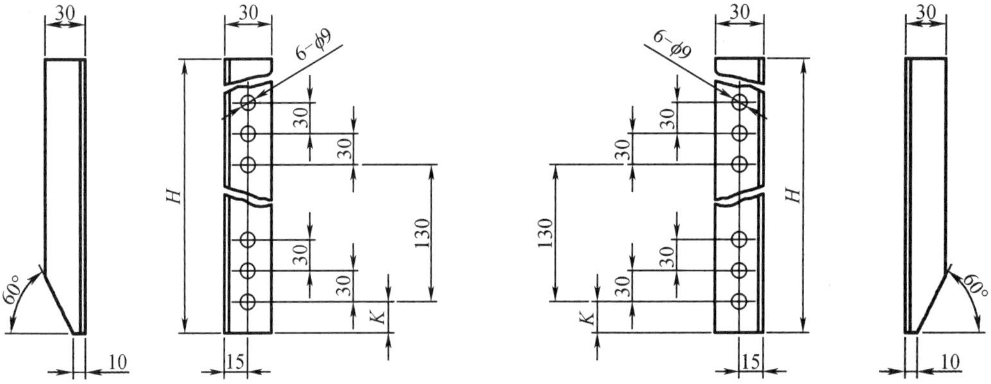

图 2.22　ZA32 型双层托架吊脚的结构

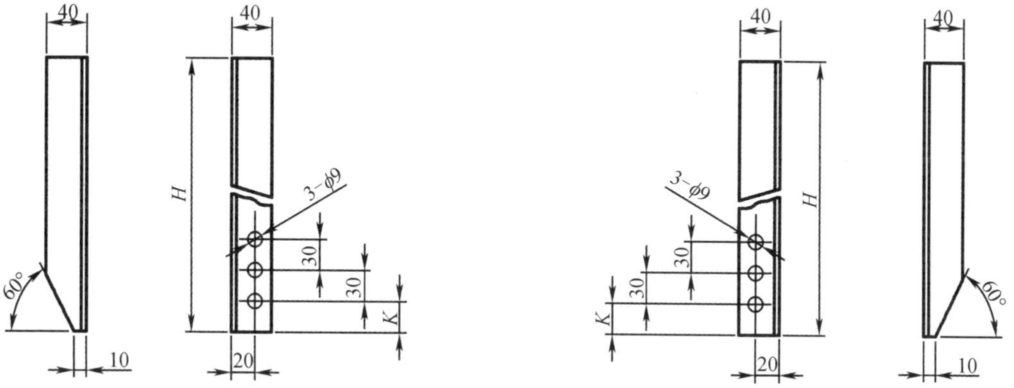

图 2.23　ZA41 型单层托架吊脚的结构

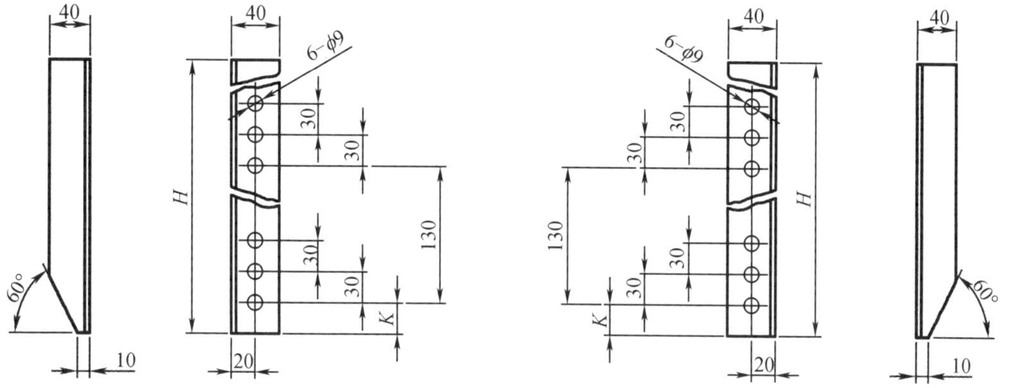

图 2.24　ZA42 型双层托架吊脚的结构

表 2.26　托架吊脚的代码和基本尺寸

单位:mm

<table>
<tr><th>代码</th><th>材料规格</th><th>下孔与端边距离(K)</th><th>吊脚高(H)</th></tr>
<tr><td>ZA31-H</td><td>角钢 30×30×4</td><td rowspan="4">20</td><td rowspan="2">130≤H≤300</td></tr>
<tr><td>ZA32-H</td><td>角钢 30×30×4</td></tr>
<tr><td>ZA41-H</td><td>角钢 40×40×5</td><td rowspan="2">300<<i>H</i>≤1200</td></tr>
<tr><td>ZA42-H</td><td>角钢 40×40×5</td></tr>
</table>

轻型组合电缆托架和其组件的标记示例如下：

(1)轻型单层组合电缆托架,宽 W=400 mm,长 L=1 260 mm,高 H=130 mm,应标记为:轻型单层组合电缆托架 ECL4003-130 QJ/XXSI XX-000. X-2008。其中,“ECL”表示轻型单层组合电缆托架代码;“400”表示轻型单层组合电缆托架宽度 W=400 mm;“3”为托架长度代码,表示轻型单层组合电缆托架长度 L=1 260 mm;“-”后的“130”表示高度为 130 mm;“QJ/XXSI XX-000. X-2008”表示执行某企业 2008 年编制的某一版本的企业标准。

(2)轻型双层组合电缆托架,宽 W=300 mm,长 L=960 mm,高 H=450 mm,应标记为:轻型双层组合电缆托架 E2CL3002-450 QJ/XXSI XX-000. X-2008。其中,“E2CL”表示轻型双层组合电缆托架代码;“300”表示轻型单层组合电缆托架宽度 W=300 mm;“2”为托架长度代码,表示轻型单层组合电缆托架长度 L=960 mm;“-”后的“450”表示高度为 450 mm;“QJ/XXSI XX-000. X-2008”表示执行某企业 2008 年编制的某一版本的企业标准。

(3)轻型长孔托架,宽 $W=300$ mm,长 $L=1\ 560$ mm,应标记为:轻型长孔托架 CL3004 QJ/XXSI XX-000. X-2008。其中,"CL"表示轻型长孔托架代码;"300"表示轻型长孔托架宽度 $W=300$ mm;"4"为托架长度代码,表示轻型长孔托架长度 $L=1\ 560$ mm;"QJ/XXSI XX-000. X-2008"表示执行某企业 2008 年编制的某一版本的企业标准。

(4)ZA31 型单层托架吊脚,高 $H=130$ mm,应标记为:ZA31 型单层托架吊脚 ZA31-130 QJ/XXSI XX-000. X-2008。其中,"ZA31"表示用 30 mm×30 mm×4 mm 角钢制作的单层托架吊脚;"-"后的"130"表示单层托架吊脚高度 $H=130$ mm;"QJ/XXSI XX-000. X-2008"表示执行某企业 2008 年编制的某一版本的企业标准。

(5)ZA42 型双层托架吊脚,高 $H=400$ mm,应标记为:ZA42 型双层托架吊脚 ZA42-400 QJ/XXSI XX-000. X-2008。其中,"ZA42"表示用 40 mm×40 mm×5 mm 角钢制作的双层托架吊脚;"-"后的"400"表示双层托架吊脚高度 $H=400$ mm;"QJ/XXSI XX-000. X-2008"表示执行某企业 2008 年编制的某一版本的企业标准。

2.4.3 轻型单只电缆托架

轻型单只电缆托架主要是在电缆束拐弯布置时由于组合电缆不好布置而采用的一种化整为零的托架。

1. 轻型单只电缆托架型号含义

轻型单只电缆托架型号含义如图 2.25 所示。从左至右第一个方框中的字母表示轻型单只电缆托架代码,第二个方框中的数字表示轻型单只电缆托架的宽度(W),"——"后的第三个方框中的数字表示轻型单只电缆托架的高度(H)。

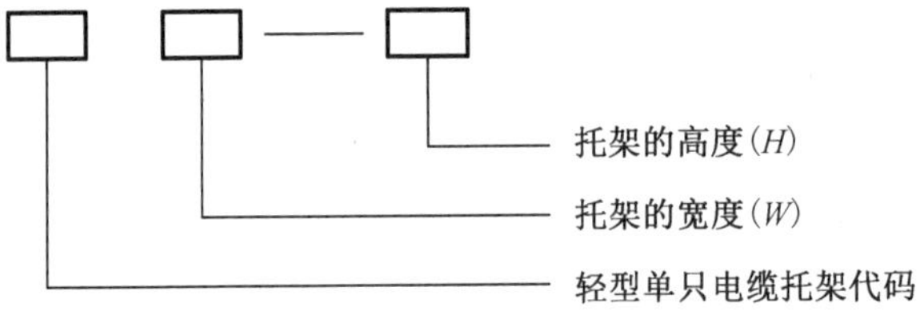

图 2.25　轻型单只电缆托架型号含义

2. 轻型单只电缆托架的结构

轻型单层单只电缆托架的结构如图 2.26、图 2.27 所示,轻型双层单只电缆托架的结构和两者型号及基本尺寸如表 2.27 所示。

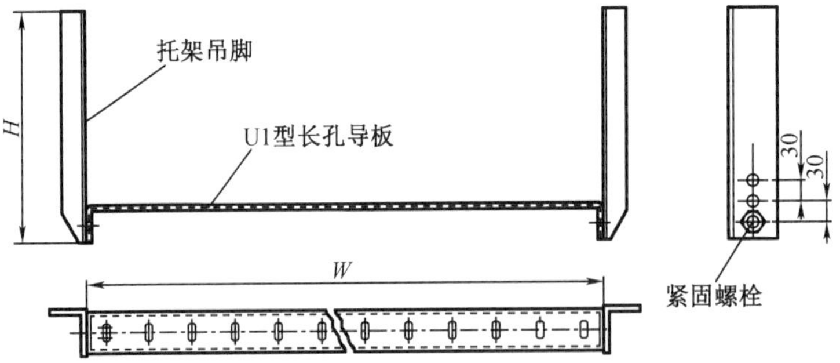

图 2.26　轻型单层单只电缆托架的结构

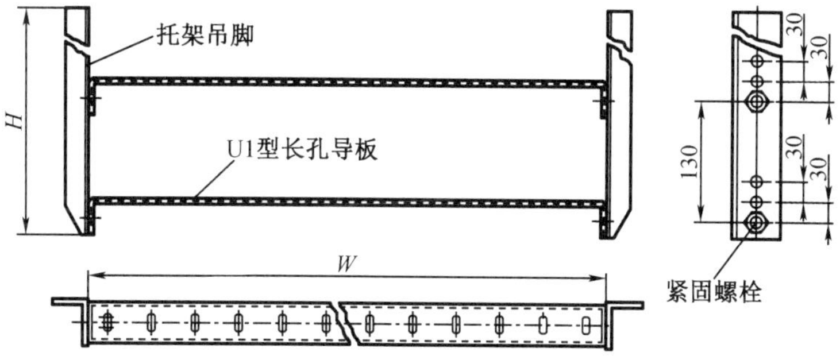

图 2.27　轻型双层单只电缆托架的结构

表 2.27　轻型单只电缆托架的型号和基本尺寸

型号	W/mm	长孔导板		H/mm 吊脚代码		紧固螺栓
		代码	数量/个	130≤H≤300	300<H≤1 200	
ESL200 * -H	200	U-2	1	ZA31-H	ZA41-H	M8
ESL300 * -H	300	U-3	1			
ESL400 * -H	400	U-4	1			
ESL500 * -H	500	U-5	1			
E2SL200 * -H	200	U-2	2	ZA32-H	ZA42-H	
E2SL300 * -H	300	U-3	2			
E2SL400 * -H	400	U-4	2			
E2SL500 * -H	500	U-5	2			

注:当电缆托架非顶式安装时,电缆托架吊脚可以反向安装。

轻型电缆托架通用组件(不包括紧固件)。U1 型长孔导板的结构如图 2.28 所示,其代码和基本尺寸如表 2.28 所示。

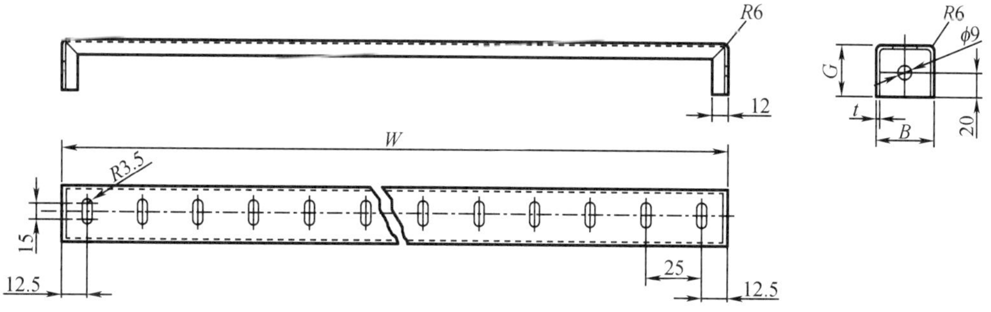

图 2.28　U1 型长孔导板的结构

表 2.28　U1 型长孔导板的代码和基本尺寸

代码	W/mm	G/mm	B/mm	t/mm	长孔数/个	质量/kg
U-2	200	40	40	3	8	0.26
U-3	300				12	0.40
U-4	400				16	0.51
U-5	500				20	0.63

轻型单只电缆托架和其组件的标记示例。

(1)轻型单层单只电缆托架,宽 W=400 mm,高 H=150 mm,应标记为:轻型单层单只电缆托架 ESL400-150 QJ/XXSI XX-000. X-2008。其中,“ESL”表示轻型单只电缆托架代码;“400”表示轻型单只电缆托架宽 W=400 mm;“-”后的“150”表示高度为 150 mm;“QJ/XXSI XX-000. X-2008”表示执行某企业 2008 年编制的某一版本的企业标准。

(2)轻型双层单只电缆托架,宽 W=500 mm,高 H=280 mm,应标记为:轻型双层单只电缆托架 E2SL500-280 QJ/XXSI XX-000. X-2008。其中,“E2SL”表示轻型双层单只电缆托架代码;“500”表示轻型单只电缆托架宽 W=500 mm;“-”后的“280”表示高度为 280 mm;“QJ/XXSI XX-000. X-2008”表示执行某企业 2008 年编制的某一版本的企业标准。

(3)U1 型长孔导板,宽 W=300 mm,应标记为:U1 型长孔导板 U-3 QJ/XXSI XX-000. X-2008。其中,“U”为 U1 型长孔导板代码;“-”后面的“3”表示其长度为 300 mm;“QJ/XX-SI XX-000. X-2008”表示执行某企业 2008 年编制的某一版本的企业标准。

(4)ZA31 型单层托架吊脚,高 H=130 mm,应标记为:ZA31 型单层托架吊脚 ZA31-130 QJ/XXSI XX-000. X-2008。其中,“ZA31”表示用 40 mm×40 mm×5 mm 角钢制作的单层托架吊脚;“-”后的“130”表示单层托架吊脚高度 H=130 mm;“QJ/XXSI XX-000. X-2008”表示执行某企业 2008 年编制的某一版本的企业标准。

(5)ZA42 型双层托架吊脚,高 H=400 mm,应标记为:ZA42 型双层托架吊脚 ZA42-400 QJ/XXSI XX-000. X-2008。其中,“ZA42”表示用 40 mm×40 mm×5 mm 角钢制作的双层托架吊脚;“-”后的“400”表示双层托架吊脚高度 H=400 mm;“QJ/XXSI XX-000. X-2008”表示执行某企业 2008 年编制的某一版本的企业标准。

3. 轻型电缆托架通用组件技术要求

轻型电缆托架通用组件技术要求如下:

(1)轻型长孔导板、U1 型长孔导板、扁钢旁板、托架吊脚材料均为碳素结构钢 Q235-A,遵循 GB/T 700—2006 标准。

(2)轻型长孔导板与两侧旁板采用电焊连接,要求焊接牢固,正面连续焊,去除焊渣。

(3)长孔导板、扁钢旁板、托架吊脚等通用组件应平整,无裂痕、锐边和毛刺。旁板两端尖角处应有不小于 3 mm 的圆角。

(4)轻型长孔托架和 U1 型长孔导板、托架吊脚等通用组件,除注明者外,均应经热镀锌处理。

(5)轻型长孔托架和 U1 型长孔导板与托架吊脚采用 M8 螺钉连接,分别组成轻型组合电缆托架和轻型单只电缆托架。

电缆托架或其通用组件完工后应由制造厂技术检验部门验收,并出具合格证。轻型电缆托架或其轻型长孔托架、U1 型长孔导板、托架吊脚组件经验收合格的产品在其合格标签上应具有下列标志。

①制造厂名称;

②产品型号或组件代码及标准号;

③制造日期;

④检验合格印章。

并应在轻型电缆托架各组件的适当位置标明其代码。

2.5　重型电缆托架

重型电缆托架是在船舶与海工装备动力电缆布置时,托举动力电缆铺设所使用的一类托架,由于动力电缆载荷较大,因此要求这类托架具有较强的承载能力,强度要求较高。

2.5.1　重型电缆托架分类

重型电缆托架分为组合托架和单只托架两类,每类各分单层、双层两种,如表 2.29 所示。

表 2.29　重型电缆托架分类表

类名	序号	名称	代号
型重组合电缆托架	1	重型单层组合电缆托架	ECH
	2	型重双层组合电缆托架	E2CH
重型单只电缆托架	1	重型单层单只电缆托架	ESH
	2	重型双层单只电缆托架	E2SH

1. 重型组合电缆托架型号含义

重型组合电缆托架型号含义如图 2.29 所示。从左至右第一个方框中的字母表示重型组合电缆托架代码,第二个方框中的数字表示重型组合电缆托架的宽度(W),第三个方框中的数字表示重型组合电缆托架的长度(L)代码,“——”后的第四个方框中的数字表示了重型组合电缆托架的高度(H)。

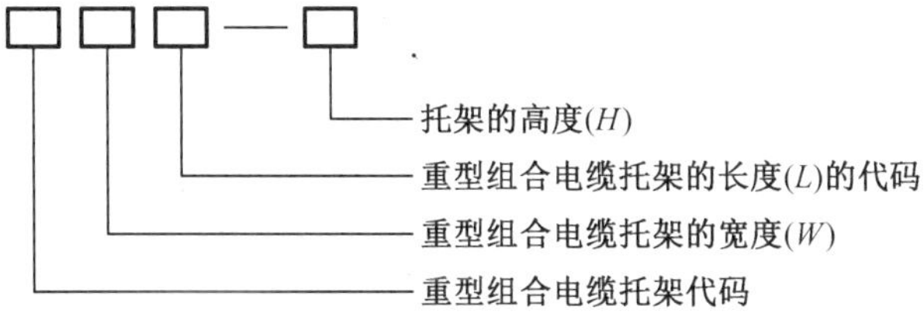

图 2.29　重型组合电缆托架型号含义

重型组合电缆托架长度代码和长度对照表如表 2.30 所示。

表 2.30　重型组合电缆托架长度代码和托架长度对照表

托架的长度代码	1	2	3	4	5	6
托架的长度/mm	660	960	1 260	1 560	1 860	2 160

2. 重型组合电缆托架的结构和基本尺寸

重型单层组合电缆托架结构如图 2.30 所示，重型双层组合电缆托架结构如图 2.31 所示，两者型号和基本尺寸如表 2.31 和表 2.32 所示。

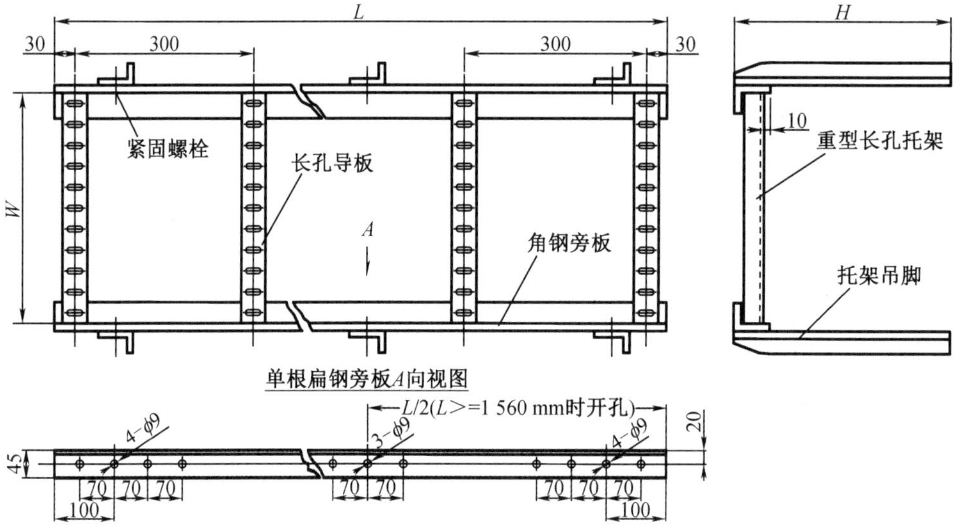

图 2.30　重型单层组合电缆托架的结构

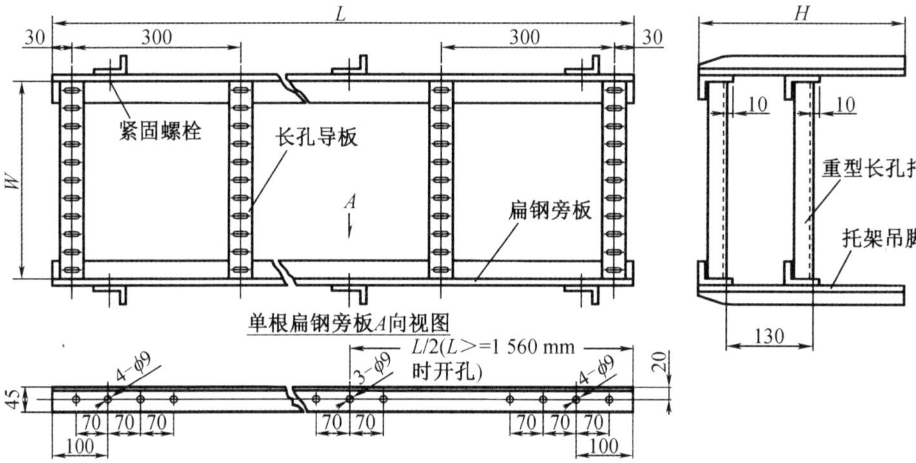

图 2.31　重型双层组合电缆托架的结构

表 2.31　重型组合电缆托架的型号和基本尺寸

型号	托架宽度（W）/mm	长孔导板		托架高度（H）/mm 吊脚代码	紧固螺栓
		代码	数量/个	300<H≤1 200	
ECH600 * -H	600	CH600 *	1	ZA41-H	M8
ECH700 * -H	700	CH700 *	1		
ECH800 * -H	800	CH800 *	1		
ECH900 * -H	900	CH900 *	1		
ECH1000 * -H	1 000	CH1000 *	1		
ECH1100 * -H	1 100	CH1100 *	1		
ECH1200 * -H	1 200	CH1200 *	1		

表 2.32　双层重型组合电缆托架的型号和基本尺寸

型号	托架宽度（W）/mm	长孔导板		托架高度（H）/mm 吊脚代码		紧固螺栓（成套）	备注
		代码	数量/个	300<H≤1 200			
ECH600 * -H	600	CH600 *	2	ZA42-H		M8	
ECH700 * -H	700	CH700 *	2				
ECH800 * -H	800	CH800 *	2				
ECH900 * -H	900	CH900 *	2				
托架长度代码（ * ）		1	2	3	4	5	6
托架长度（L）/mm		660	960	1 260	1 560	1 860	2 160
吊脚数量（成对）		2	2	2	3	3	3

附注：a. 当电缆托架吊脚长不相等时，可用前脚长/后脚长表示组合电缆托架高度（H）。

b. 当电缆托架非顶式安装时，电缆托架吊脚可以反向安装。

2.5.2　重型组合电缆托架通用组件（不包括紧固件）

重型长孔导板的结构、代码和基本尺寸，如图 2.32、表 2.33 所示。

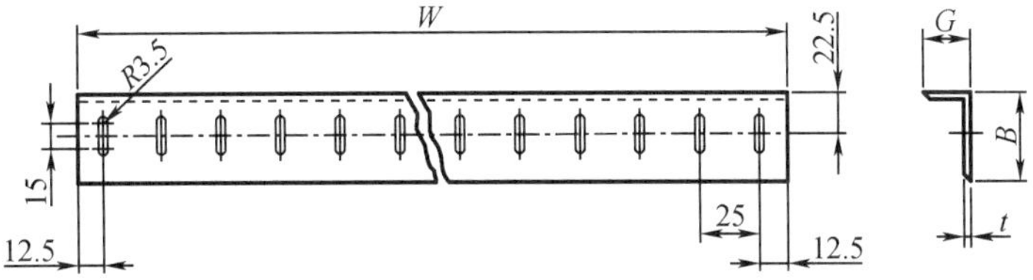

图 2.32　重型长孔导板的结构

表 2.33　重型长孔导板的代码和基本尺寸

单位：mm

代码	W/mm	G/mm	B/mm	t/mm	长孔数	质量/kg
H-6	600	28	45	4	24	1.22
H-7	700				28	1.42
H-8	800				32	1.62
H-9	900				36	1.82
H-10	1 000				40	2.02
H-11	1 100				44	2.22
H-12	1 200				48	2.42

2.5.3　重型长孔托架

重型长孔托架的结构、代码和基本尺寸，如图 2.33、表 2.34 所示。

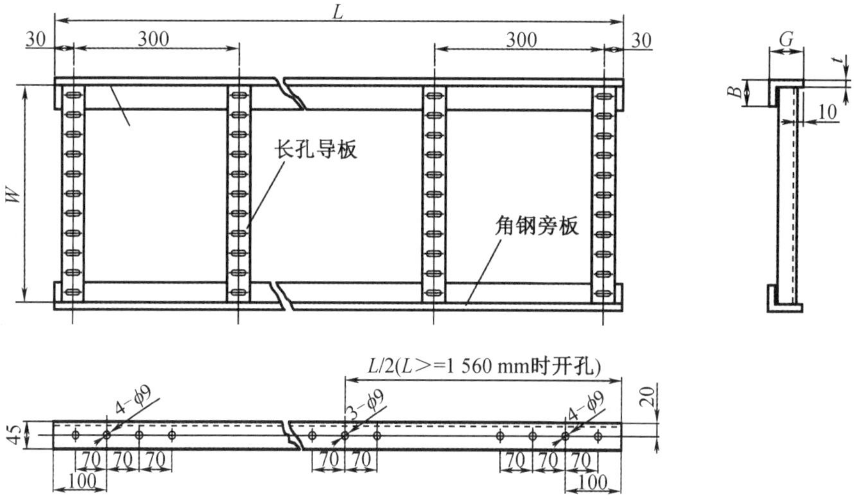

图 2.33　重型长孔托架的结构

表 2.34　重型长孔托架的代码和基本尺寸

代码	托架宽度(W)/mm	长孔导板(代码)	角钢旁板规格(G×B×t)/mm
CH600 *	600	H-6	45×28×4
CH600 *	700	H-7	
CH600 *	800	H-8	
CH600 *	900	H-9	
CH600 *	1 000	H-10	
CH600 *	1 100	H-11	
CH600 *	1 200	H-12	

表 2.34(续)

长度代码(＊)	1	2	3	4	5	6
托架长度(*L*)/mm	660	960	1 260	1 560	1 860	2 160
旁板开孔组数	2	2	2	3	3	3

2.5.4 托架吊脚

托架吊脚有 ZA41、ZA42 两种类型,其结构、代码和基本尺寸如图 2.34、图 2.35、表 2.35 所示。

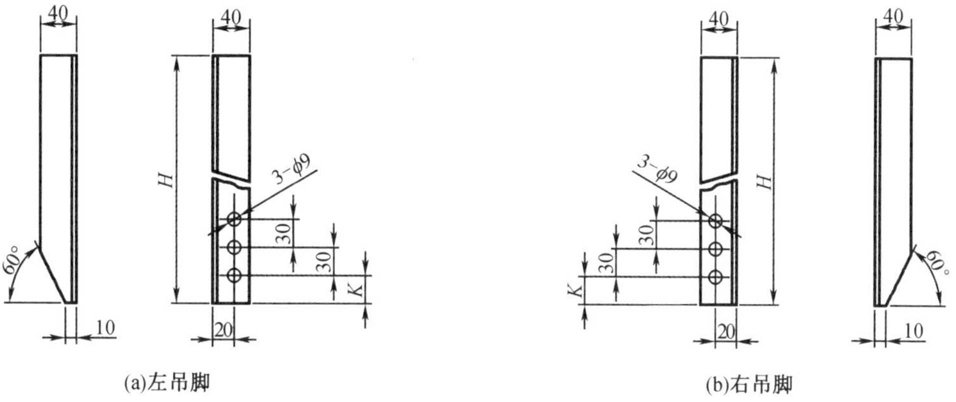

图 2.34 ZA41 型单层托架吊脚的结构

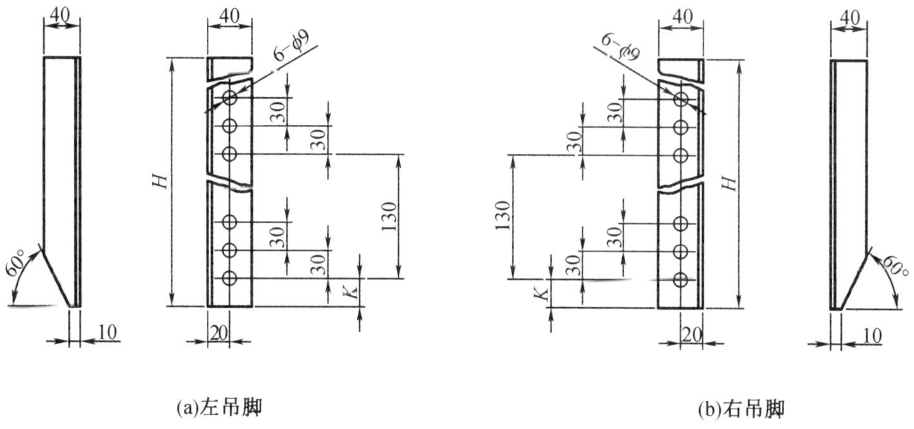

图 2.35 ZA42 型双层托架吊脚的结构

表 2.35 托架吊脚的代码和基本尺寸 单位:mm

代码	材料规格	下孔与端边距离(*K*)	吊脚长(*H*)
ZA41-H	角钢 40×40×5	20	300<*H*≤1 200
ZA42-H			

2.5.5 重型组合电缆托架和其组件的标记示例

(1)重型单层组合电缆托架,宽 $W=600$ mm,长 $L=960$ mm,高 $H=130$ mm,应标记为:重型单层组合电缆托架 ECH6002-130 QJ/XXSI XX-000. X-2008。其中,“ECH”为重型单层组合电缆托架的代码;“600”表示重型单层组合电缆托架宽度 $W=600$ mm;“2”为长度代码,表示托架长度 $L=960$ mm;“-”后的“130”表示高度为 $H=130$ mm;“QJ/XXSI XX-000. X-2008”表示执行某企业 2008 年编制的某一版本的企业标准。

(2)重型双层组合电缆托架,宽 $W=800$ mm,长 $L=1260$ mm,高 $H=280$ mm,应标记为:重型双层组合电缆托架 E2CH8003-280 QJ/XXSI XX-000. X-2008。其中,“E2CH”为重型双层组合电缆托架的代码;“800”表示重型单层组合电缆托架宽 W=800 mm;“3”为长度代码,表示托架长度 $L=1\,260$ mm;“-”后的“280”表示高度为 $H=280$ mm;“QJ/XXSI XX-000. X-2008”表示执行某企业 2008 年编制的某一版本的企业标准。

(3)重型长孔托架,宽 $W=600$mm,长 $L=1\,560$ mm,应标记为:重型长孔托架 CH6004 QJ/XXSI XX-000. X-2008。其中,“CH”为重型长孔电缆托架的代码;“600”表示重型长孔电缆托架宽度 $W=600$ mm;“4”为长度代码,表示托架长度 $L=1\,560$ mm;“QJ/XXSI XX-000. X-2008”表示执行某企业 2008 年编制的某一版本的企业标准。

(4)ZA31 型单层托架吊脚,高 $H=130$ mm,应标记为:ZA41 型单层托架吊脚 ZA41-400 QJ/XXSI XX-000. X-2008。其中,“ZA41”表示单层托架吊脚用 40 mm×40 mm×5 mm 角钢制作;“-”后的“400”表示吊脚长度 $H=400$ mm;“QJ/XXSI XX-000. X-2008”表示执行某企业 2008 年编制的某一版本的企业标准。

(5)ZA42 型双层托架吊脚,高 $H=400$ mm,应标记为:ZA42 型双层托架吊脚 ZA42-400 QJ/XXSI XX-000. X-2008。其中,“ZA42”表示单层托架吊脚;用 40 mm×40 mm×5 mm 角钢制作;“-”后的“400”表示吊脚高 $H=400$ mm;“QJ/XXSI XX-000. X-2008”表示执行某企业 2008 年编制的某一版本的企业标准。

2.5.6 重型单只电缆托架

重型单只电缆托架是在船舶与海工装备动力电缆布置时,托举到设备端的动力电缆铺设中所使用的一类托架。由于动力电缆载荷较大,因此要求这类托架具有较强的承载能力和较高的强度。

1. 重型单只电缆托架型号含义

重型单只电缆托架型号含义如图 2.36 所示。从左至右第一个方框中的字母表示重型单只电缆托架代码,第二个方框中的前三位数字表示重型单只电缆托架的宽度(W),第三个方框中的数字表示重型单只电缆托架的长度代码,“——”后的第三个方框中的数字表示重型单只电缆托架的高度(H)。

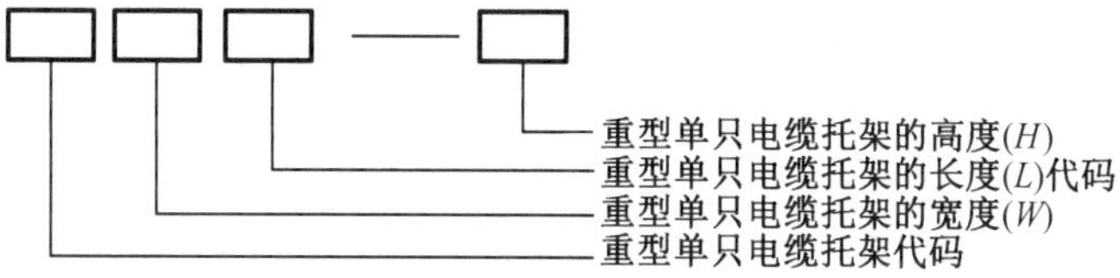

图 2.36　重型单只电缆托架型号含义

2. 结构和基本尺寸

重型单只电缆托架分为重型单层单只电缆托架和重型双层单只电缆托架两类，其中重型单层单只电缆托架的结构，如图 2.37 所示，重型双层单只电缆托架的结构如图 2.38 所示，型号和基本尺寸如表 2.36 所示。

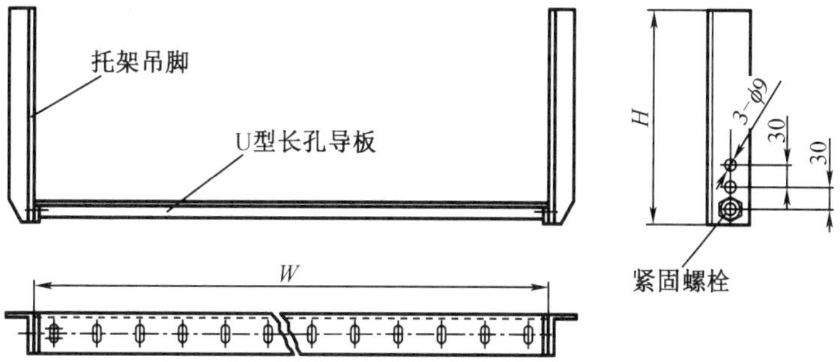

图 2.37　重型单层单只电缆托架的结构

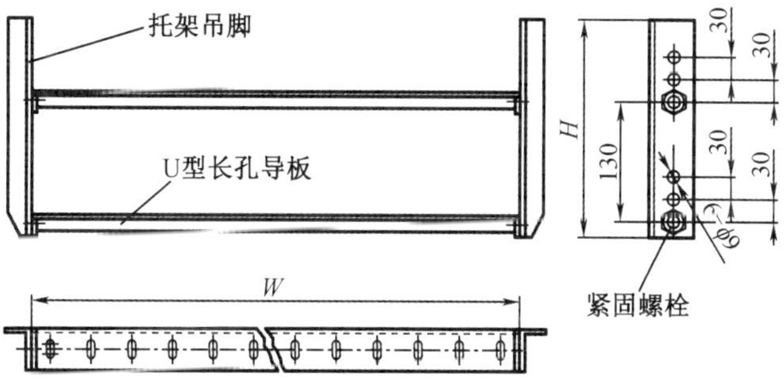

图 2.38　重型双层单只电缆托架的结构

表 2.36　重型单只电缆托架的型号和基本尺寸

型号	托架宽度(W)/mm	U 型长孔导板		托架高度(H)/mm 吊脚代码	紧固螺栓(成套)
		代码	数量/个	300<H≤1 200	
ESH600 * -H	600	U-6	1	ZA41-H	M8
ESH700 * -H	700	U-7	1		
ESH800 * -H	800	U-8	1		
ESH900 * -H	900	U-9	1		
ESH1000 * -H	1 000	U-10	1		
ESH1100 * -H	1 100	U-11	1		
ESH1200 * -H	1 200	U-12	1		
E2SH600 * -H	600	U-6	2	ZA42-H	
E2SH700 * -H	700	U-7	2		
E2SH800 * -H	800	U-8	2		
E2SH900 * -H	900	U-9	2		

注：当电缆托架非顶式安装时，电缆托架吊脚可以反向安装。

3. 重型单只电缆托架通用组件(不包括紧固件)

(1)U 型长孔导板

U 型长孔导板的结构、代码和基本尺寸如图 2.39、表 2.37 所示。

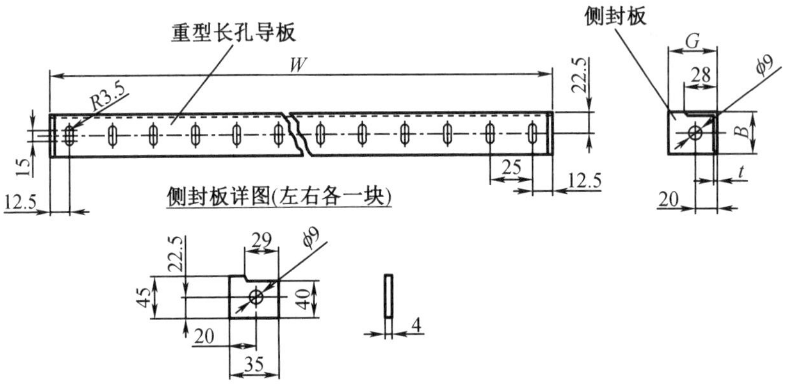

图 2.39　U 型长孔导板的结构

表 2.37 U 型长孔导板代码和基本尺寸

代码	*W*/mm	*G*/mm	*B*/mm	*t*/mm	长孔数/个	质量/kg
U-6	600	40	45	4	24	1.23
U-7	700				28	1.43
U-8	800				32	1.63
U-9	900				36	1.83
U-10	1 000				40	2.03
U-11	1 100				44	2.23
U-12	1 200				48	2.43

第 3 章　电气设备安装附件

3.1　荧光舱顶灯架

本节内容主要包括荧光舱顶灯架的分类、技术要求、检验和标志，适用于荧光舱顶灯架的选用、安装和制造。

3.1.1　荧光舱顶灯架的分类

荧光舱顶灯架分为固定、悬挂两类，每类分顶式、壁式两种，固定类另有一种倾斜壁式，如表 3.1 所示。

表 3.1　荧光舱顶灯架分类表

类别	序号	名称	代号
固定荧光舱顶灯架	1	固定荧光舱顶灯顶式灯架	ELFC
	2	固定荧光舱顶灯壁式灯架	ELFW
	3	固定荧光舱顶灯倾斜壁式灯架	ELFT
悬挂荧光舱顶灯架	1	悬挂荧光舱顶灯顶式灯架	ELHC
	2	悬挂荧光舱顶灯壁式灯架	ELHW

1. 固定荧光舱顶灯架

(1)型号含义

固定荧光舱顶灯架型号含义如图 3.1 所示。

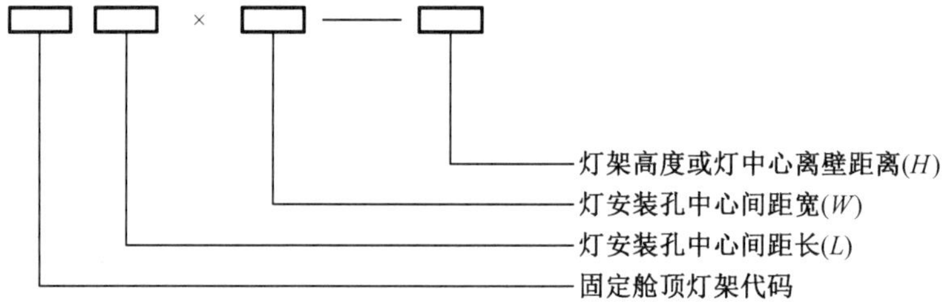

图 3.1　固定荧光舱顶灯架型号含义

(2)结构和基本尺寸

①固定荧光舱顶灯顶式灯架

固定荧光舱顶灯顶式灯架的结构、型号和基本尺寸如图 3.2 和表 3.2 所示。

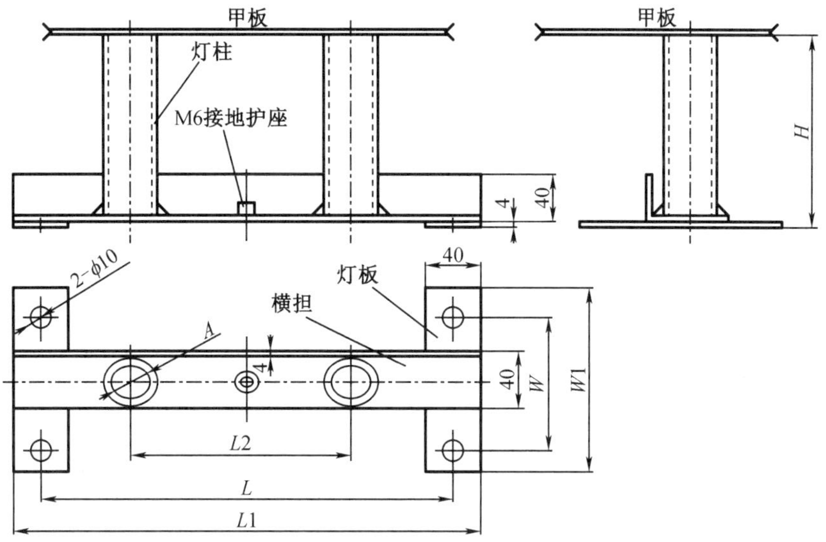

图 3.2　固定荧光舱顶灯顶式灯架的结构

表 3.2　固定荧光舱顶灯顶式灯架的型号和基本尺寸　　单位:mm

型号	L	W	L1	L2	W1	灯柱规格		适用灯具型号举例
						H≤500	H>500	
ELFC480×185-H	480	185	L+40	L-100	W+40	32×3钢管	50×3钢管	CYX2221
ELFC700×185-H	700	185						CYX3221

②固定荧光舱顶灯壁式灯架

固定荧光舱顶灯壁式灯架的型号和基本尺寸、结构如表 3.3 和图 3.3 所示。

表 3.3　固定荧光舱顶灯壁式灯架的型号和基本尺寸　　单位:mm

型号	L	W	L1	L2	W1	H	灯杆规格	适用灯具型号举例
ELFW480×185-H	480	185	L+40	L-100	W+40	200 300 400 500	38×3钢管	CYX2221

③固定荧光舱顶灯倾斜壁式灯架

固定荧光舱顶灯倾斜壁式灯架的结构、型号和基本尺寸如图 3.4 和表 3.4 所示。

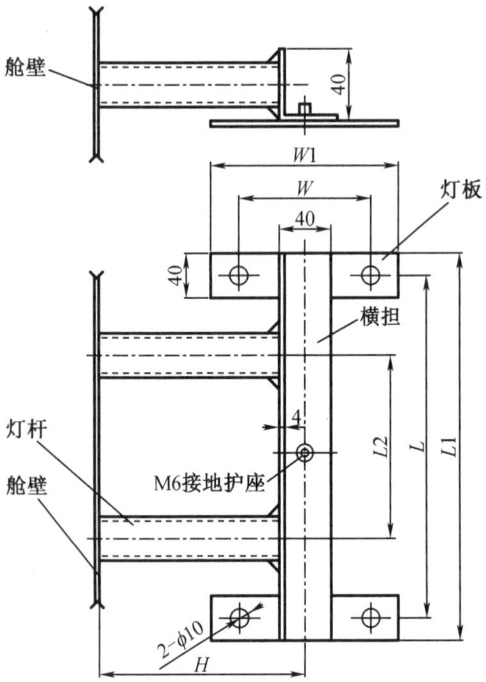

图 3.3　固定荧光舱顶灯壁式灯架的结构

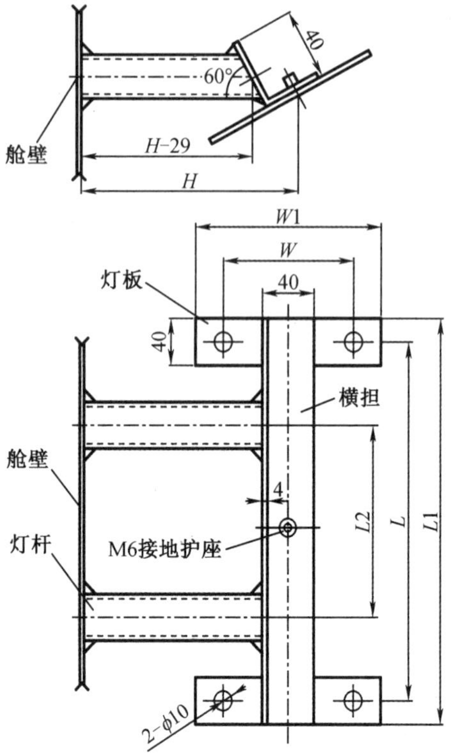

图 3.4　固定荧光舱顶灯倾斜壁式灯架的结构

表 3.4　固定荧光舱顶灯倾斜壁式灯架的型号和基本尺寸　　单位:mm

型号	L	W	$L1$	$L2$	$W1$	H	灯杆规格	适用灯具型号举例
ELFT480×185-H	480	185	L+40	L-100	W+40	150 200 250	32×3钢管	CYX2221

(3)固定荧光舱顶灯架标记示例

①固定荧光舱顶灯顶式灯架,灯安装孔中心间距长 L=480 mm,安装孔中心间距宽 W=185 mm,灯架高度 H=800 mm,应标记为:固定荧光舱顶灯顶式灯架 ELFC480×185-800 QJ/XXSI XX-000-2008。

②固定荧光舱顶灯壁式灯架,灯安装孔中心间距长 L=480 mm,安装孔中心间距宽 W=185 mm,灯安装中心离壁距离 H=300 mm,应标记为:固定荧光舱顶灯壁式灯架 ELFW480×185-300 QJ/XXSI XX-000-2008。

③固定荧光舱顶灯倾斜壁式灯架,灯安装孔中心间距长 L=480 mm,安装孔中心间距宽 W=185 mm,灯安装中心离壁距离 H=150 mm,应标记为:固定荧光舱顶灯倾斜壁式灯架 ELFT480×185-150 QJ/XXSI XX-000-2008。

2. 悬挂荧光舱顶灯架

(1)型号含义

悬挂荧光舱顶灯架型号含义如图 3.5 所示

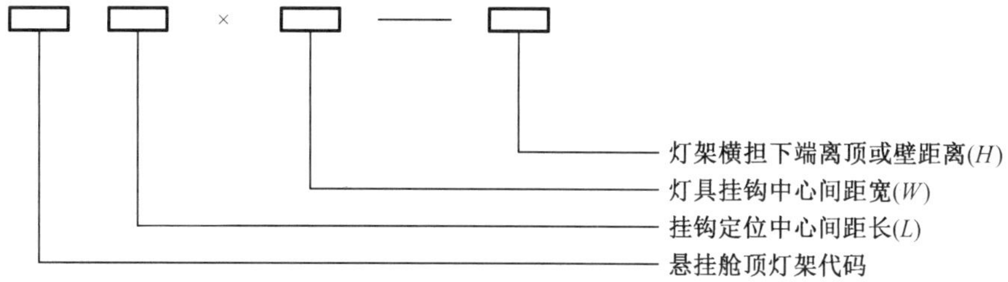

图 3.5　固定荧光舱顶灯架型号含义

(2)结构和基本尺寸

①悬挂荧光舱顶灯顶式灯架

悬挂荧光舱顶灯顶式灯架的结构、型号和基本尺寸如图 3.6 和表 3.5 所示。

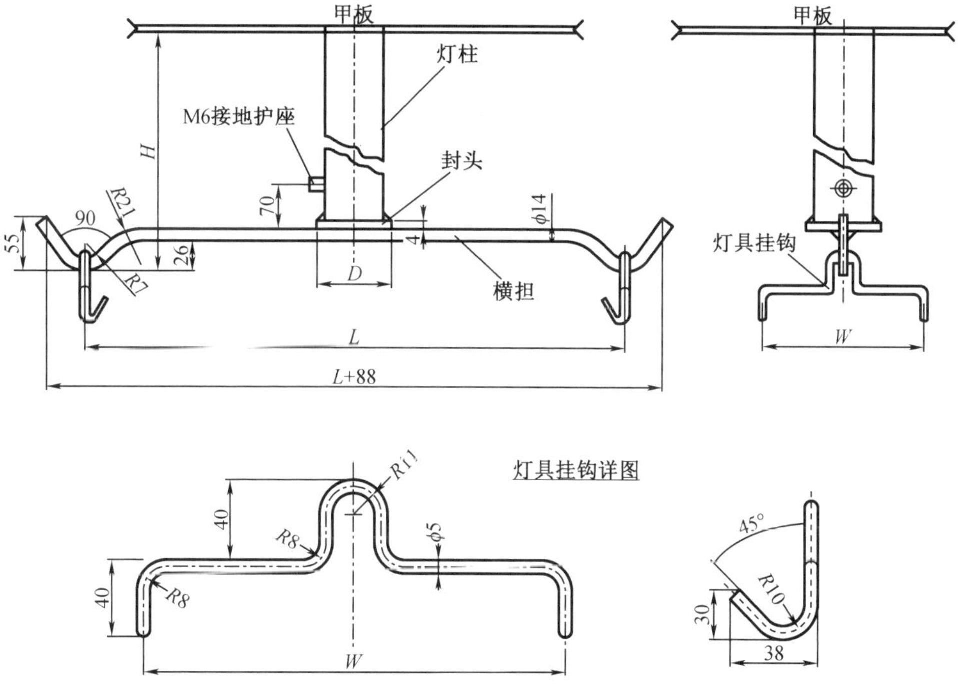

图 3.6　悬挂荧光舱顶灯顶式灯架的结构

表 3.5　悬挂荧光舱顶灯顶式灯架的型号和基本尺寸　　单位：mm

<table>
<tr><th rowspan="2">型号</th><th rowspan="2">L</th><th rowspan="2">W</th><th colspan="2">D</th><th colspan="2">灯柱规格</th><th rowspan="2">适用灯具
型号举例</th></tr>
<tr><th>H≤500</th><th>H>500</th><th>H≤500</th><th>H>500</th></tr>
<tr><td>ELHC480×185-H</td><td>480</td><td>185</td><td rowspan="2">50</td><td rowspan="2">58</td><td rowspan="2">42×3</td><td rowspan="2">50×3</td><td>CYX2221</td></tr>
<tr><td>ELHC700×185-H</td><td>700</td><td>185</td><td>CYX3221，CYXF4226</td></tr>
</table>

②悬挂荧光舱顶灯壁式灯架

悬挂荧光舱顶灯壁式灯架的结构、型号和基本尺寸如图 3.7 和表 3.6 所示。

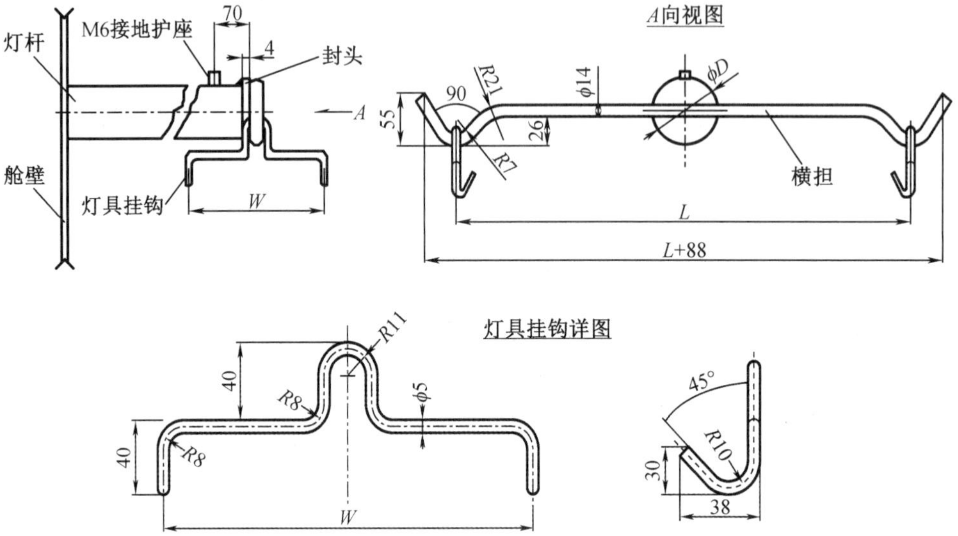

图 3.7　悬挂荧光舱顶灯壁式灯架

表 3.6　悬挂荧光舱顶灯顶式灯架型号和基本尺寸　　单位：mm

<table>
<tr><th>型号</th><th>L</th><th>W</th><th>H</th><th>D</th><th>灯杆规格</th><th>适用灯具型号举例</th></tr>
<tr><td>ELHC480×185-H</td><td>480</td><td>185</td><td rowspan="5">200
300
400
500</td><td rowspan="5">60</td><td rowspan="5">50×3(钢管)</td><td>CYX2221</td></tr>
<tr><td>ELHC700×185-H</td><td>700</td><td>185</td><td>CYX3221、CYXF4226</td></tr>
<tr><td></td><td></td><td></td><td></td></tr>
<tr><td></td><td></td><td></td><td></td></tr>
<tr><td></td><td></td><td></td><td></td></tr>
</table>

(3)悬挂荧光舱顶灯架标记示例

①悬挂荧光舱顶灯顶式灯架，挂钩定位中心间距长 $L=480$ mm，灯具挂钩中心间距宽 $W=185$ mm，灯架横担下端离顶距离 $H=800$ mm，应标记为：悬挂荧光舱顶灯顶式灯架 ELFC480×185-800 QJ/XXSI XX-000-2008。

②悬挂荧光舱顶灯壁式灯架，挂钩定位中心间距长 $L=480$ mm，灯具挂钩中心间距宽 $W=185$ mm，灯架横担下端离壁距离 $H=400$ mm，应标记为：悬挂荧光舱顶灯壁式灯架 ELFW480×185-400 QJ/XXSI XX-000-2008。

3.1.2　技术要求

(1)荧光舱顶灯架材料如表 3.7 所示。

表 3.7 荧光舱顶灯架材料

序号	部件名称	材料		
		名称	牌号	标准号
1	灯柱	无缝钢管	钢	GB/T 8163—2018
2	灯杆	无缝钢管	钢	GB/T 8163—1999
3	灯板	扁钢	Q235-A	GB/T 700—2006
4	封头	钢板	Q235-A	GB/T 700—2006
5	M6 接地护座	元钢	Q235-A	GB/T 700—2006
6	横担	角钢	Q235-A	GB/T 700—2006
		元钢	Q235-A	GB/T 700—2006
7	灯具挂钩	ϕ5 不锈钢丝	1Cr13	GB/T 4240—2019

(2)荧光舱顶灯架灯柱或灯杆与横担,横担与封头、灯板,以及镀锌接地护座等采用电焊连接,要求焊接牢固,去除焊渣。当灯柱或灯杆直径大于角钢横担宽度时,应将管口压扁,使管口边不超出横担。

(3)荧光舱顶灯架灯加工后去除锐边和毛刺,除注明者外,应经热镀锌处理。

3.2 直电缆管

本节主要包括直电缆管的分类、技术要求、检验和标志。适用于直电缆管的选用、安装和制造。

3.2.1 电缆管的分类

电缆管分为普通电缆管、填料函电缆管两类,如表 3.8 所示。

表 3.8 电缆管分类表

序号	电缆管名称	代号	备注
1	普通电缆管	EPN	保护单根或多根电缆贯穿非水密或非防火甲板和舱壁
2	填料函电缆管	EPS	保护单根电缆贯穿防水甲板或舱壁

1. 电缆管的型号含义

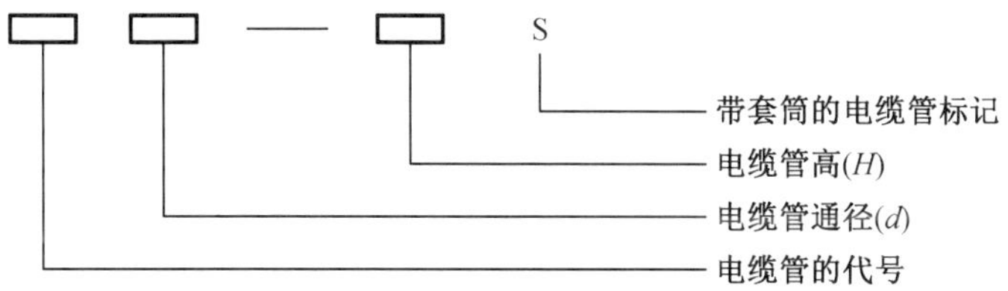

图 3.8 电缆管的型号含义

2. 普通电缆管

(1)结构和基本尺寸

普通电缆管结构、型号和基本尺寸如图 3.9、表 3.9 所示。

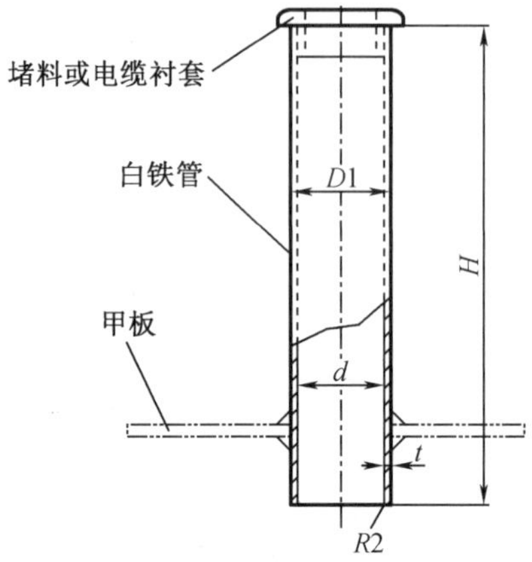

图 3.9　普通电缆管的结构

表 3.9　普通电缆管型号和基本尺寸　　单位:mm

型号	公称通径	管外径(D1)	管内径(d)	管壁厚(t)	电缆管高(H)	电缆衬套型号
EPN15-H	15(1/2″)	21.25	15.75	2.75	150 250 450 800 1 000 1 200	A13
EPN20-H	20(3/4″)	26.75	21.25	2.75		A17
EPN25-H	25(1″)	33.60	27.00	3.25		A20
EPN32-H	32(11/4″)	42.25	35.75	3.25		A28
EPN40-H	40(11/2″)	48.00	41.00	3.50		A32
EPN50-H	50(2″)	60.00	53.00	3.50		A44
EPN65-H	65(21/2″)	75.50	68.00	3.57		A60
EPN80-H	80(3″)	88.50	80.50	4.00		A73

(2) 标记示例

普通电缆管,公称通径 25,管高 H=450 mm,应标记为:普通电缆管 EPN25-450 QJ/XX-SI XX-000. X-2008。

3. 填料函电缆管

(1)结构和基本尺寸

①填料函电缆管结构、型号和基本尺寸如图 3.10、表 3.10 所示。

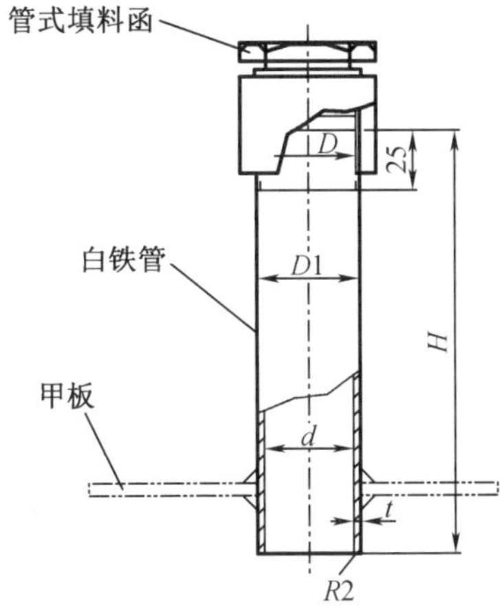

图 3.10　填料函电缆管的结构

表 3.10　填料函电缆管型号和基本尺寸　　单位:mm

型号	公称通径	管外径(D1)	管内径(d)	管壁厚(t)	管螺纹(D)	管高(H)	填料函型号
EPS15-H	15(1/2″)	21.25	15.75	2.75	M20×1	150,250 450,800 1 000 1 200	TG13
EPS20-H	20(3/4″)	26.75	21.25	2.75	M27×1.5		TG16
EPS25-H	25(1″)	33.60	27.00	3.25	M30×1.5		TG19
EPS32-H	32(11/4″)	42.25	35.75	3.25	M42×2		TG24
EPS40-H	40(11/2″)	48.00	41.00	3.50	M48×2		TG34
EPS50-H	50(2″)	60.00	53.00	3.50	M56×2		TG42

②带套筒的填料函电缆管结构、型号和基本尺寸,如图 3.11、表 3.11、表 3.12 所示。

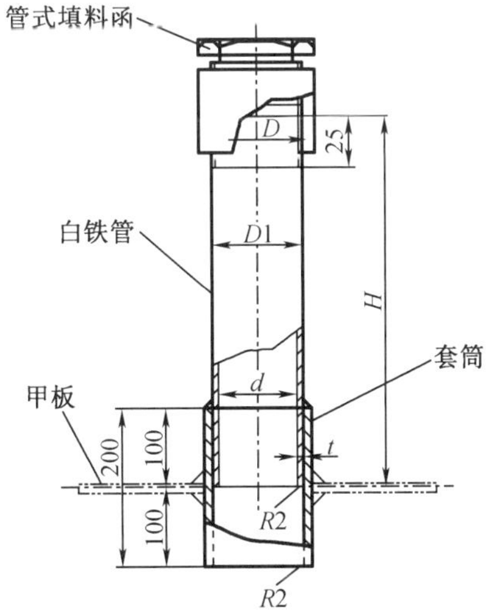

图 3.11　带套筒的填料函电缆管的结构

表 3.11 带套筒的填料函电缆管型号和基本尺寸 单位：mm

型号	公称通径	管外径(*D*1)	管内径(*d*)	管壁厚(*t*)	管螺纹(*D*)	管高(*H*)	填料函型号
EPS15-HS	15(1/2″)	21.25	15.75	2.75	M20×1	450 800 1 000 1 200	TG13
EPS20-HS	20(3/4″)	26.75	21.25	2.75	M27×1.5		TG16
EPS25-HS	25(1″)	33.60	27.00	3.25	M30×1.5		TG19
EPS32-HS	32(11/4″)	42.25	35.75	3.25	M42×2		TG24
EPS40-HS	40(11/2″)	48.00	41.00	3.50	M48×2		TG34
EPS50-HS	50(2″)	60.00	53.00	3.50	M56×2		TG42

注：带套筒的填料函电缆管适用于板厚 8 mm 以上的露天甲板，其套筒材料和规格如表 3.12 所示。

表 3.12 带套筒的填料函电缆管型号与套筒材料和规格对照表 单位：mm

电缆管型号 (450≤*H*≤1 200)	EPS15-HS	EPS20-HS	EPS25-HS	EPS32-HS	EPS40-HS	EPS50-HS
套筒材料和规格	32×4 无缝钢管	38×4 无缝钢管	45×4 无缝钢管	54×4 无缝钢管	57×4 无缝钢管	70×4 无缝钢管

(2)标记示例

①填料函电缆管，公称通径为 32 mm，管高 *H*=800 mm，应标记为：填料函电缆管 EPS32-800 QJ/XXSI XX-000.X-2008。

②带套筒的填料函电缆管，公称通径为 50 mm，管高 *H*=1 200 mm，应标记为：带套筒的填料函电缆管 EPS50-1200S QJ/XXSI XX-000.X-2008。

3.2.2 技术要求

(1)电缆管材料如表 3.13 所示。

表 3.13 电缆管材料

序号	部件名称	材料		
		名称	牌号	标准号
1	白铁管	镀锌焊接钢管	钢	GB/T 3091—2015
2	电缆衬套	尼龙(聚酰胺)	XAZ-06	(市场品)
3	管式填料函 (TG13-TG42)	组合件		CB/T 3667.1—2016
4	套筒	无缝钢管	钢	GB/T 8163—2018

(2)电缆管、套筒应无裂痕、锐边和毛刺。管口应有不小于半径为 2 mm 的圆角。

(3)电缆管端口应涂防锈底漆二度，由无缝钢管制成的套筒加工后应经酸洗磷化和涂防锈底漆二度处理。

(4)填料函电缆管管螺纹长为 25 mm，并在螺纹处涂防腐油脂。

3.3 鹅颈式电缆管

本节主要包括鹅颈式电缆管的分类、技术要求、检验和标志。适用于电缆管的选用、安装和制造。

3.3.1 鹅颈式电缆管的分类

1. 电缆管的型号含义

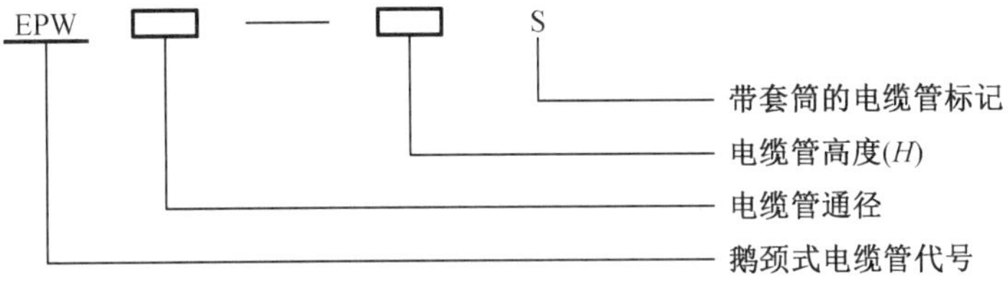

图 3.12 电缆管的型号含义

2. 结构和基本尺寸

(1)鹅颈式电缆管结构、型号和基本尺寸如图 3.13、表 3.14 所示。

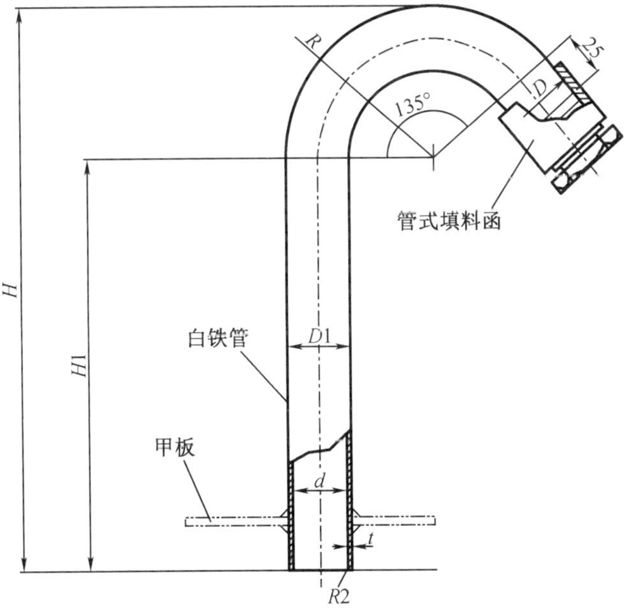

图 3.13 鹅颈式电缆管的结构

表 3.14　鹅颈式电缆管型号和基本尺寸

单位：mm

型号	公称通径	管外径($D1$)	管内径(d)	管壁厚(t)	管螺纹(D)	电缆管高		管弯半径(R)	填料函型号
						H	$H1$		
EPW20-H	20(3/4″)	26.75	21.25	2.75	3/4″	800	697	90	TG16
						1 200	1 081		
EPW25-H	25(1″)	33.60	27.00	3.25	1″	800	683	100	TG19
						1 200	1 063		
EPW32-H	32(11/4″)	42.25	35.75	3.25	11/4″	800	649	130	TG24
						1 200	1 019		
EPW40-H	40(11/2″)	48.00	41.00	3.50	11/2″	800	626	150	TG34
						1 200	976		
EPW50-H	50(2″)	60.00	53.00	3.50	2″	800	590	190	TG42
						1 200	720		

(2)带套筒的鹅颈式电缆管结构、型号和基本尺寸如图 3.14、表 3.15、表 3.16 所示。

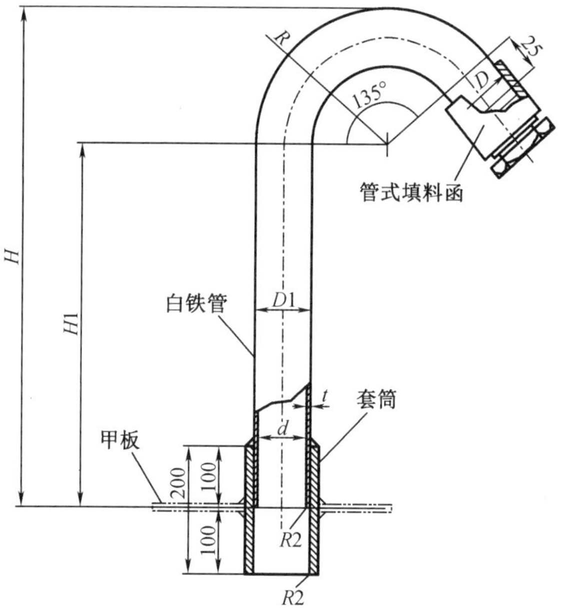

图 3.14　带套筒的鹅颈式电缆管的结构

表 3.15 带套筒的鹅颈式电缆管型号和基本尺寸

单位:mm

型号	公称通径	管外径（$D1$）	管内径（d）	管壁厚（t）	管螺纹（D）	电缆管高		管弯半径(R)	填料函型号
						H	$H1$		
EPW20-HS	20(3/4″)	26.75	21.25	2.75	3/4″	800	697	90	TG16
						1 200	1 081		
EPW25-HS	25(1″)	33.60	27.00	3.25	1″	800	683	100	TG19
						1 200	1 063		
EPW32-HS	32(11/4″)	42.25	35.75	3.25	11/4″	800	649	130	TG24
						1 200	1 019		
EPW40-HS	40(11/2″)	48.00	41.00	3.50	11/2″	800	626	150	TG34
						1 200	976		
EPW50-HS	50(2″)	60.00	53.00	3.50	2″	800	590	190	TG42
						1 200	720		

注:带套筒的鹅颈式电缆管适用于板厚 8 mm 以上的露天甲板,其套筒材料和规格如表 3.16 所示。

表 3.16 带套筒的鹅颈式电缆管型号与套筒材料和规格对照表

单位:mm

电缆管型号（450≤H≤1 200）	EPW20-HS	EPS25-HS	EPS32-HS	EPS40-HS	EPS50-HS
套筒材料和规格	38×4 无缝钢管	45×4 无缝钢管	54×4 无缝钢管	57×4 无缝钢管	70×4 无缝钢管

（3）标记示例

①鹅颈式电缆管,公称通径为 32 mm,管高 H = 800 mm,应标记为:鹅颈式电缆管 EPW32-800 QJ/XXSI XX-000. X-2008。

②带套筒的鹅颈式电缆管,公称通径为 50 mm,管高 H = 1 200 mm,应标记为:带套筒的鹅颈式电缆管 EPW50-1200S QJ/XXSI XX-000. X-2008。

3.3.2 技术要求

（1）鹅颈式电缆管材料如表 3.17 所示。

表 3.17 鹅颈式电缆管材料

序号	部件名称	材料		
		名称	牌号	标准号
1	白铁管	镀锌焊接钢管	钢	GB/T 3091—2015
2	管式填料函（TG13-TG42）	组合件		CB/T 3667.1—2016
3	套筒	无缝钢管	钢	GB/T 8163—2018

(2)管弯管后应无损伤、裂纹。

(3)电缆管、套筒应无裂痕、锐边和毛刺。管口应有不小于半径为 2 mm 的圆角。

(4)电缆管端口应涂防锈底漆二度,由无缝钢管制成的套筒加工后应经酸洗磷化和涂防锈底漆二度处理。

(5)电缆管管螺纹长为 25 mm,并在螺纹处涂防腐油脂。

3.4 冷库舱壁电缆管

本节主要包括冷库舱壁电缆管的分类、技术要求、检验和标志。适用于电缆管的选用、安装和制造。

3.4.1 电缆管的分类

冷库舱壁电缆管分为冷库单隔热绝缘舱壁电缆管、冷库双隔热绝缘舱壁电缆管两类,如表 3.18 所示。

表 3.18 冷库舱壁电缆管分类

序号	电缆管名称	代号	备注
1	冷库单隔热绝缘舱壁电缆管	EP1C	保护单根电缆贯穿冷库单隔热绝缘舱壁
2	冷库双隔热绝缘舱壁电缆管	EP2C	保护单根电缆贯穿冷库双隔热绝缘舱壁

(1)冷库舱壁电缆管的型号含义

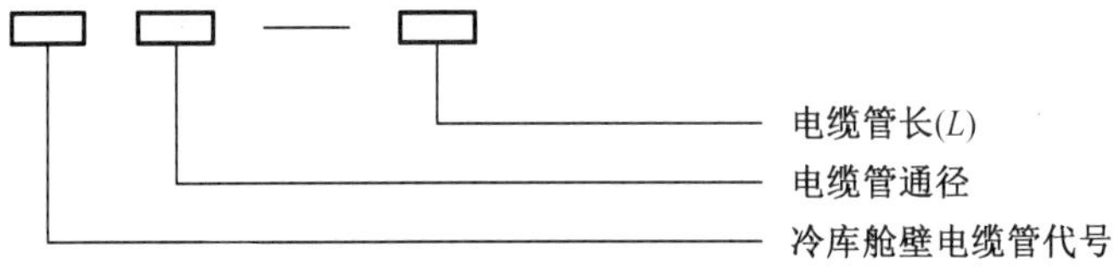

图 3.15 冷库舱壁电缆管的型号

(2)结构和基本尺寸

①冷库单隔热绝缘舱壁电缆管

冷库单隔热绝缘舱壁电缆管结构、型号和基本尺寸如图 3.16、表 3.19 所示。

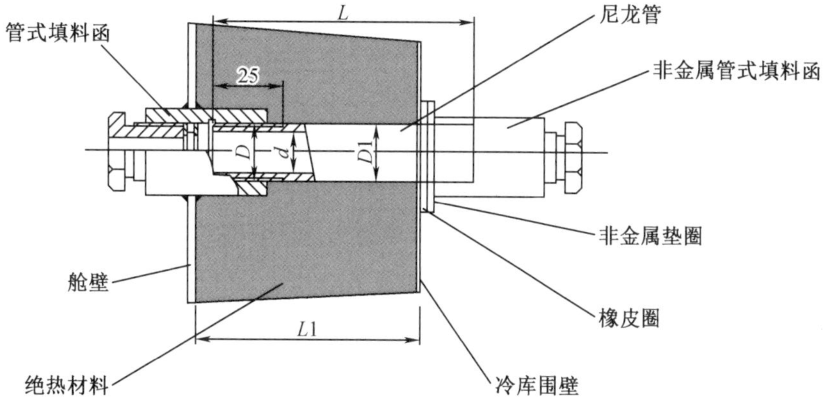

图 3.16 冷库单隔热绝缘舱壁电缆管的结构

表 3.19 冷库单隔热绝缘舱壁电缆管型号和基本尺寸

单位:mm

型号	公称通径	尼龙管				管型填料函型号
		外径(*D*1)	内径(*d*)	管螺纹(*D*)	管长(*L*)	
EP1C15-L	15(1/2″)	21.25	15.75	1/2″	*L*1+23	TG13
EP1C20-L	20(3/4″)	26.75	21.25	3/4″		TG16
EP1C25-L	25(1″)	33.60	27.00	1″		TG19
EP1C32-L	32(11/4″)	42.25	35.75	11/4″		TG28
EP1C40-L	40(11/2″)	48.00	41.00	11/2″		TG34
EP1C50-L	50(2″)	60.00	53.00	2″		TG42

②冷库双隔热绝缘舱壁电缆管

冷库双隔热绝缘舱壁电缆管结构、型号和基本尺寸如图 3.17、表 3.20 所示。

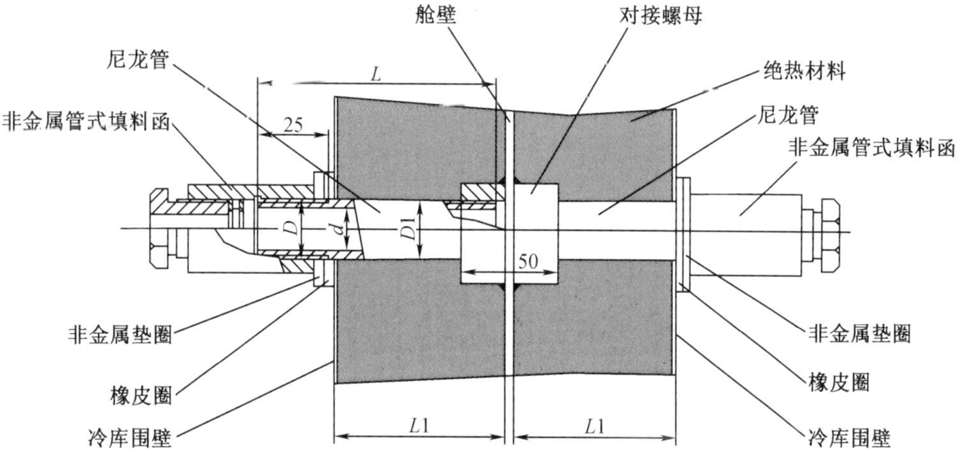

图 3.17 冷库双隔热绝缘舱壁电缆管的结构

表 3.20 冷库双隔热绝缘舱壁电缆管型号和基本尺寸 单位:mm

型号	公称通径	尼龙管				管式填料函	对接螺母管螺纹
		外径(*D*1)	内径(*d*)	管螺纹(*D*)	管长(*L*)		
EP1C15-L	15(1/2″)	21.25	15.75	1/2″	*L*1+23	TG13	1/2″
EP1C20-L	20(3/4″)	26.75	21.25	3/4″		TG16	3/4″
EP1C25-L	25(1″)	33.60	27.00	1″		TG19	1″
EP1C32-L	32(11/4″)	42.25	35.75	11/4″		TG28	11/4″
EP1C40-L	40(11/2″)	48.00	41.00	11/2″		TG34	11/2″
EP1C50-L	50(2″)	60.00	53.00	2″		TG42	2″

(3)标记示例

①冷库单隔热绝缘舱壁电缆管,公称通径为 32 mm,管长 $L=273$ mm(冷库围壁厚 $L1=250$ mm),应标记为:冷库单隔热绝缘舱壁电缆管 EP1C32-273 QJ/XXSI XX-000.X-2008。

②冷库双隔热绝缘舱壁电缆管,公称通径为 40 mm,管长 $L=220$ mm(冷库围壁厚 $L1=200$ mm),应标记为:冷库双隔热绝缘舱壁电缆管 EP2C40-223 QJ/XXSI XX-000.X-2008。

3.4.2 技术要求

(1)冷库舱壁电缆管材料如表 3.21。

表 3.21 冷库舱壁电缆管材料

序号	部件名称	材料		
		名称	牌号	标准号
1	尼龙管	尼龙(聚酰胺)	XAZ-06	HG2-354-66
2	管式填料函	组合件		CB/T3667.1—2016
3	非金属管式填料函	ABS 工程塑料或尼龙(聚酰胺)	(市场品或按同规格的管式填料函加工)	
4	对接螺母	碳素结构钢	Q235-A	GB/T700-2006
5	垫圈	钢	100HV	GB/T95-2002
6	非金属垫圈	ABS 工程塑料或尼龙(聚酰胺)	(市场品或按图加工)	
7	橡皮圈	橡胶	橡胶Ⅱ-2	HG4-333-66

(2)电缆管各部件应无裂痕、锐边和毛刺。尼龙管管口应有不小于半径为 2 mm 的圆角。

(3)尼龙管两端螺纹长为 25 mm。

(4)对接螺母与管式填料函的外径相同。

第二篇

SPD 电气设计系统

第4章　SPD电气设计系统概述

SPD电气设计系统涵盖从电气标准、电气原理、三维建模到生产图纸和表册输出的全部过程，提供了电气设备、电气基座、电缆通道、电缆导架、电缆贯穿件及电缆等一系列与电气生产设计相关的建模和管理功能，实现了与船体结构和舾装其他各专业之间的实时干涉检查。

4.1　系统功能

电气设计系统组成如图4.1所示。

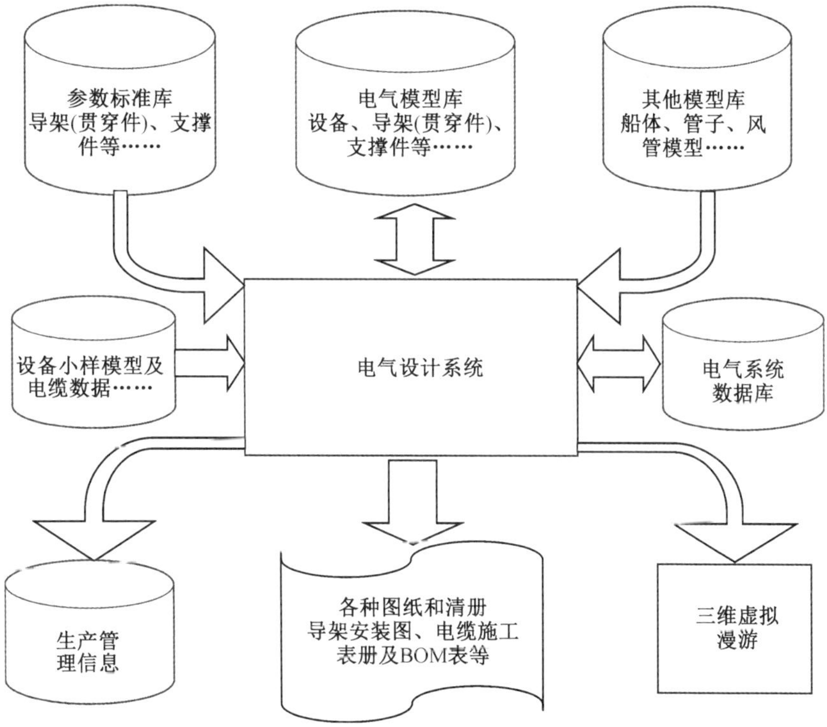

图4.1　电气设计系统组成

电气设计系统主要功能如下：

(1)电气设置：电缆型号、规格定义，电气系统/子系统定义，甲板、区域、舱室定义，设备部件定义，贯穿件设置，基座设置，导架设置等。

(2)原理定义：电气设备原理和电缆原理定义和修改。

(3)设备布置：单个或批量布置、旋转、平移设备。

(4)基座布置：根据设备布置、旋转、平移基座，修改基座脚长。

(5)通道布置：绘制、修改通道，设置通道节点。

(6)导架布置:可变长度/不可变长度导架布置、旋转、平移导架。

(7)贯穿件布置:贯穿件布置、修改、旋转、平移贯穿件。

(8)电缆布置:在设备之间,穿过通道,自动或交互拉放电缆,支持多人同时布置电缆。

(9)电气报表:生成贯穿件制造图册、导架制造图册、中/小型基座制作图册、基座螺栓/螺母统计表、主干电缆走向图、电气托盘管理表等图表。

4.2 系统特点

SPD电气设计系统具有以下特点。

(1)电气标准

通过电气标准管理,建立电缆标准数据,具有电缆厂家、电缆对数、芯数、外径、单位质量等信息;建立部件表,通过部件名称映射实体小样,使用更方便。

管理电气基座、贯穿件、导架等参数化小样库,实现自动匹配、容易修改;可以将参数化小样实例化,制定企业标准,规范设计过程。

采用产品结构树的组织数据,配合强大的搜索功能和实时的属性显示,并提供三维预览功能,查看直观、查找方便。

(2)电气原理

提供交互输入和自动批量生成两种方式,生成电气设备原理和电缆原理记录。交互输入,通过键盘输入,配合选取CAD图形对象获取指定属性,完成原理记录生成;自动批量生成,通过程序读取电气系统图和设备布置图,智能分析并生成多个原理记录的各项属性(包括设备的名称、型号、坐标,电缆的编号、型号规格、首尾设备等),不仅极大地减少了工作量,而且避免手工输入的失误。对于连接有电缆的轮机、管子等非电气专业的设备,可以直接引用为电气专业的外专业设备,无须重复建模。

检查错误功能。对于全船范围内要求名称唯一的设备和电缆原理,系统内部具有动态检测机制,实时反馈给用户,避免无效输入工作。还有专门的非实时检查功能,对多项数据进行检查和输出,供用户核对。

提供各种统计功能。提供设备统计、电缆统计、质量重心、电缆长度等数据,方便了前期预估。

(3)交互建模

三维建模具有电气设备布置、基座布置、通道、导架和贯穿件布置等功能。

布置设备:采取交互布置和自动布置两种方式,通过状态标示,不仅可以避免遗漏布置或者重复布置的现象,还可以使设计人员清楚地了解工作进度。

布置基座:采用参数化小样,根据设备安装尺寸,自动搜索匹配基座,列出推荐基座,使设计人员对于同类型设备能选择同类型基座,尤其对新手更为实用。

布置通道:根据通道模型自动生成合理、相匹配的导架模型;提供锁定通道方向的拷贝、移动导架和贯穿件,提高了设计效率;通道、导架、贯穿件及电缆之间具有联动关系,通道的改动能够实时带动导架和贯穿件的修改,同时能够自动更新电缆走向和长度。

完善的检查功能:根据电缆类别来检查通道之间的连接关系。

贯穿件:自动生成开孔表,提交给船体设计人员审核和开孔。

(4)电缆布置

根据电气设备和电缆通道的三维模型布置及通道间的连接关系实现电缆交互布置,可以多人同时布置电缆,缩短电缆布置周期。

根据电缆型号、规格,以及通道允许通过电缆的类别,自动在通道网络里搜索最优路径;支持人工添加和修改控制节点调整电缆走向,设定通道允许电缆所占的比例,自动查找超过设定值的通道,并对任意节点中的电缆进行统计和输出。

快速的电缆表册编辑功能,可以在短时间内将全船电缆归类到相应的电缆施工表册中。

(5)电气报表

提供用户自定义内容的报表输出功能

4.3 系统运行界面

启动船舶产品设计总系统,如图 4.2 所示

图 4.2 船舶产品设计总系统界面

在“专业”菜单中选择“电气设计”专业,船舶产品设计系统界面即变换成电气设计专业的总控界面,里面布置有船舶产品设计系统的通用功能按钮以及电气设计专业的专用按钮。单击“交互建模”按钮,即可进入电气设计系统的交互建模窗口,出现的系统界面如图 4.3 所示。

SPD 电气设计系统与其他舾装设计系统同属一个总的船舶产品设计系统,因此,与船舶产品设计系统的其他组成系统具有相同的图形平台和风格。

在电气设计状态下,界面上的一级功能按钮如图 4.4 所示。

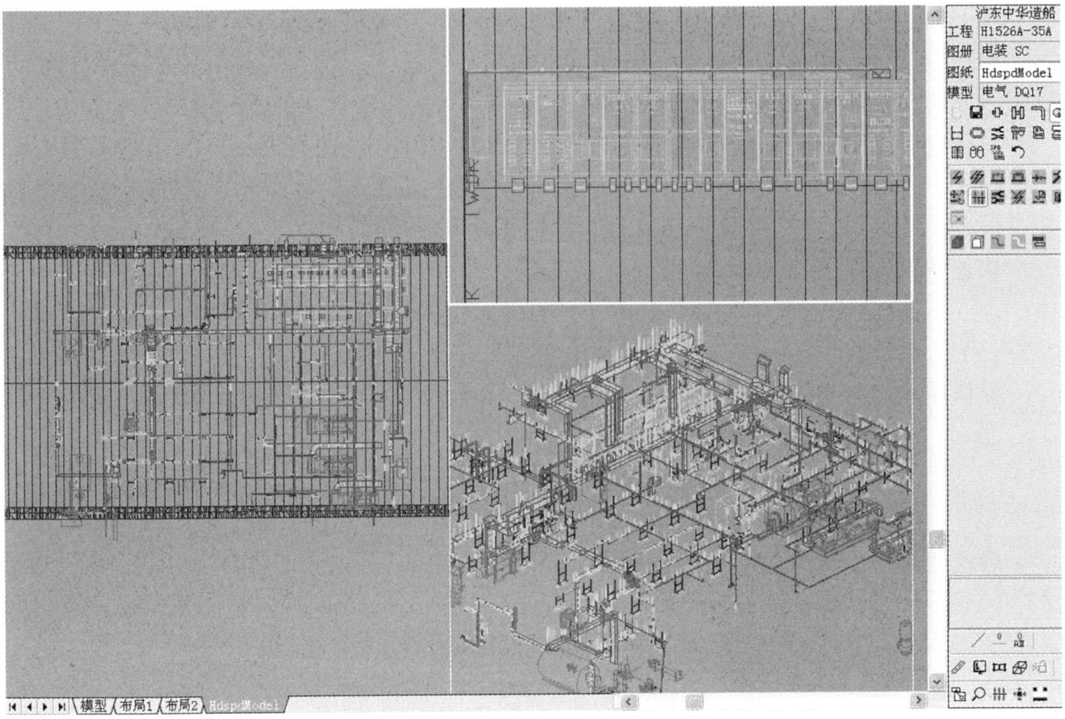

图 4.3　电气设计系统的交互建模窗口

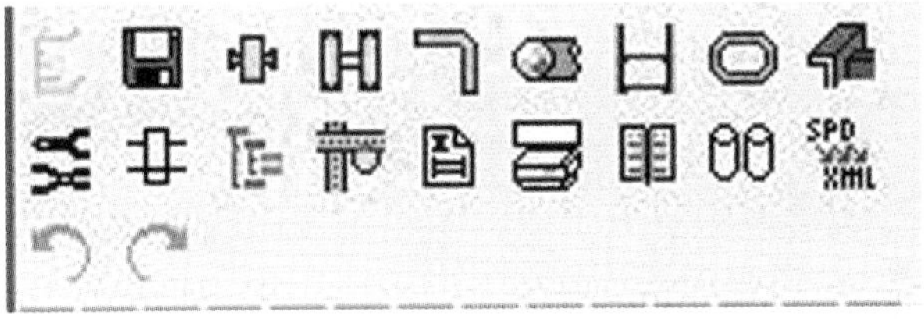

图 4.4　电气设计状态一级功能按钮

第 5 章　电气标准管理

5.1　电 缆 标 准

5.1.1　电缆标准管理

电缆标准数据库记录电缆的型号、规格、厂家、对数、芯数、截面面积、最大电压和最小电压等属性信息。该模块主要是提供友好的界面，让用户根据电缆生产厂家提供的电缆标准手册，进行电缆标准的查看、修改、添加、删除等操作，建立和维护电缆标准数据库。

点击主界面上的“电缆标准管理”，弹出电缆标准管理界面如图 5.1 所示。

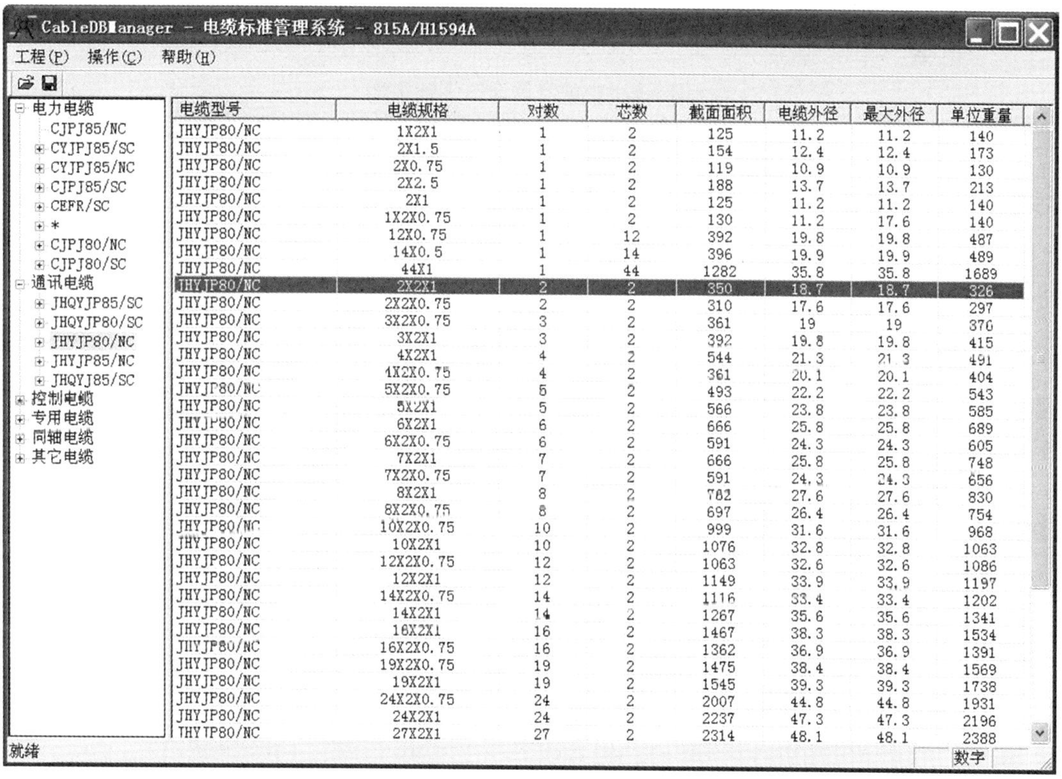

图 5.1　电缆标准管理界面

左侧树结构是电缆分类，第一层(根结点)是功能分类，有电力电缆、通信电缆、控制电缆、专用电缆和其他电缆五大类，第二层是型号，第三层是对数，第四层是芯数，第五层(最内层)是规格。选择不同的层次节点会在右侧列表中会显示不同的电缆信息，比如选择“电力电缆”，则列出所有电力电缆的型号；而选择某个电缆型号，则显示该型号下面所有规格的电缆及其详细信息(图 5.2)；而选择某个电缆规格，则显示该规格的详细信息并允许修改。

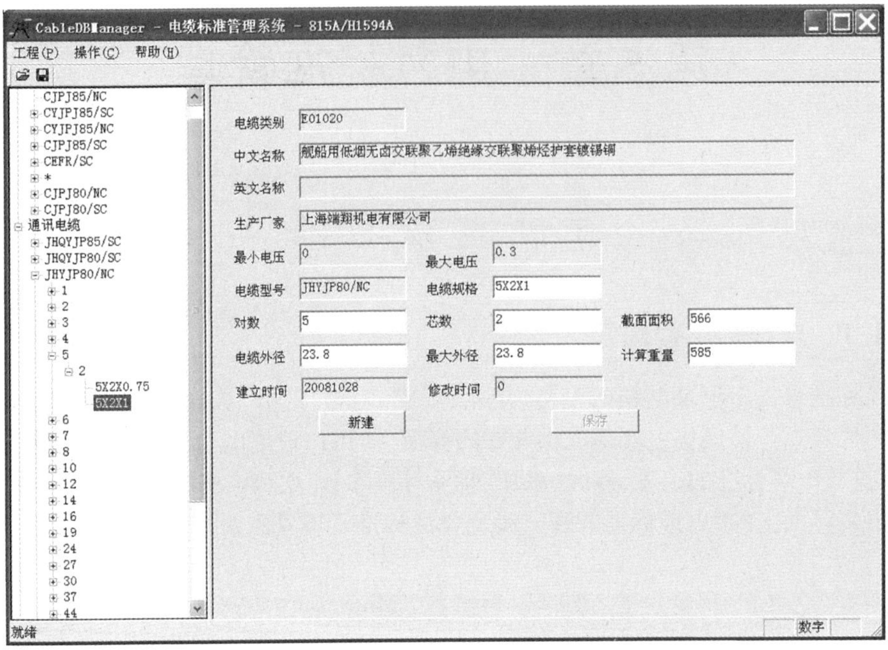

图 5.2　电缆及其详细信息界面

如果要删除电缆标准,则先选中该树节点,然后单击鼠标右键,在弹出的上下文菜单中选择“删除”。

退出电缆标准管理程序之前,必须按“保存”按钮以保存修改的数据。

5.1.2　电缆型号定义

选择左侧树的第一层节点(如“电力电缆”或“通信电缆”)并点击鼠标右键,弹出上下文菜单后选择“添加”菜单项,或者在主界面的工具栏中选择“操作”→“添加”,以添加新的电缆型号(图 5.3)。

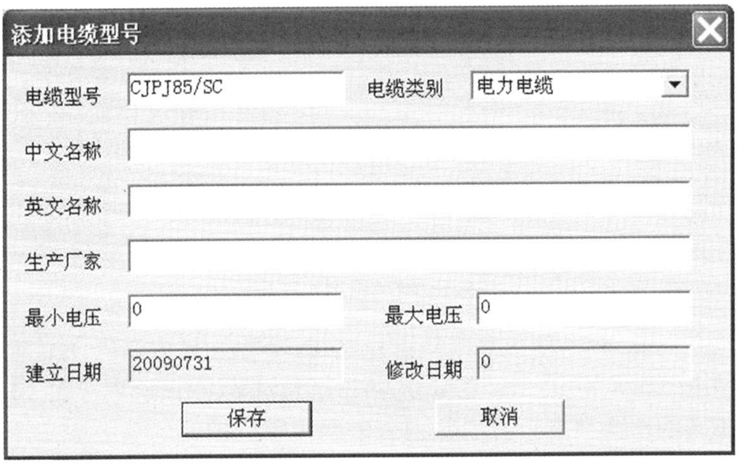

图 5.3　电缆型号添加

5.1.3 电缆规格定义

选择左边树的第二层或更深层次节点并点击鼠标右键，在弹出的上下文菜单中选择“添加”菜单项，以添加新的电缆规格（图 5.4），包括电缆规格、对数、芯数、外径、最大外径、芯截面积和计算质量。同一电缆型号下面的电缆规格不能重复。

芯截面积：单芯截面的面积（mm^2）；

外径：电缆的标准直径（mm）；

最大外径：电缆的最大直径（mm）；

实物电缆的外径必须介于外径和最大外径之间才是合格的，电缆布置时以外径为计算依据。

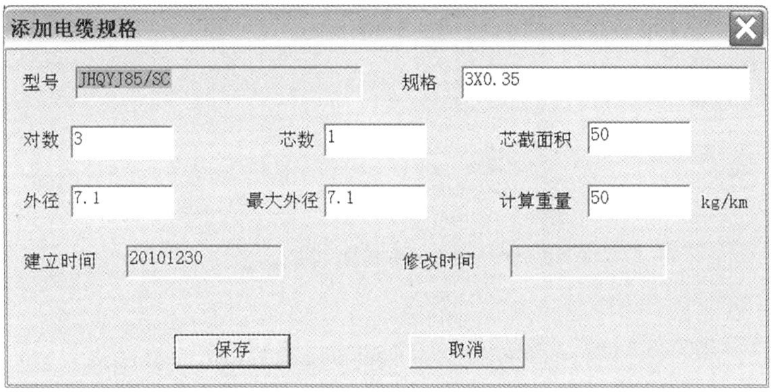

图 5.4 电缆规格定义

5.1.4 随机电缆

设备自带的电缆（随机电缆）也要建立电缆标准，该电缆标准的参数可以根据设备资料填写，如果设备资料没有给出，则由用户自己拟定电缆型号、电缆规格，对数、芯数可以输入 1。但外径一定要填写正确，以便布置电缆时统计单根电缆的总截面积。

5.2 甲板、区域、舱室

5.2.1 甲板、区域、舱室定义

每个电气设备都要归属于某个舱室，因此在设备原理输入之前，要先建立舱室，甲板、区域、舱室是三层父子结构。SPD 系统中的舱室是广义的概念，不一定限于真正的舱室，烟囱、过道、露天甲板等都可以作为舱室进行定义，如图 5.5 所示。

启动“设计管理”模块，打开工程后，在左侧的树结构中，双击“舾装区域”节点，在右侧将显示该工程所有专业定义的甲板、区域和舱室信息。

“甲板—区域—舱室”三层树结构是已建立的甲板、区域和舱室，其中区域有上、下两层甲板，以下甲板为准。

图 5.5　甲板、区域、舱室定义

新建、修改、删除记录全部完成后，按“全部保存”按钮保存到磁盘。

定义甲板时，“甲板简称”在生成通道节点自动代号和中型基座自动命名时使用。

定义舱室时，可以输入一个船体坐标作为舱室的中心位置。舱室坐标的作用是：新建设备原理时，如果不知道设备的准确坐标，可以取舱室中心坐标作为设备坐标，这样布置该设备时只需要微调位置即可，避免了设备布置“飞掉”的现象；另外也为电缆长度预估提供了依据（此时电缆的首/尾设备还没有布置到模型文件）。

注意：电气设备原理已经建立后，舱室代码不能随意修改，否则会导致设备找不到所属的舱室。

5.2.2　区域划分原则

在生产设计中区域可能包含了几层甲板，比如机舱、烟囱等区域，对于这种区域，建议按照甲板分开建立，比如机舱 07 区域，包含了三甲板和四甲板，建议将该区域分成两个，分别是：三甲板的 07（A）和四甲板的 07（B）。

5.3 系统、子系统

每一根电缆都要归属于某一个系统,因此在电缆原理输入之前,要先建立系统和子系统(图5.6),系统、子系统是两层父子结构。系统和子系统也是广义的概念,由用户自己定义。子系统经常取电气系统图中的页号,即以页号作为子系统号,每一页作为一个子系统。

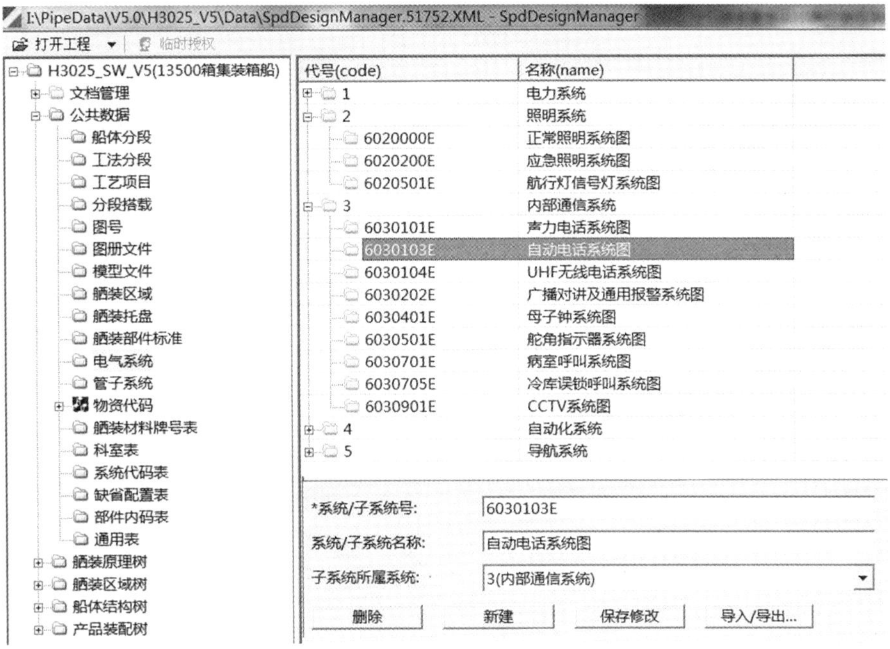

图5.6 电缆系统以及子系统界面

第6章　电 气 原 理

电气原理包括电气设备原理、电缆原理。设备原理按区域—舱室—设备三层树结构组织;电缆原理按系统—子系统—电缆三层树结构组织。

包括六个页面:设备定义、电缆定义、外专业设备定义、设备相关统计、电缆长度预估和原理检查。

一个工程中,每个设备都有一个全船唯一的设备编号,每根电缆都有一个全船唯一的电缆编号。

6.1　电气设备定义

6.1.1　设备定义界面

设备定义界面如图6.1所示。

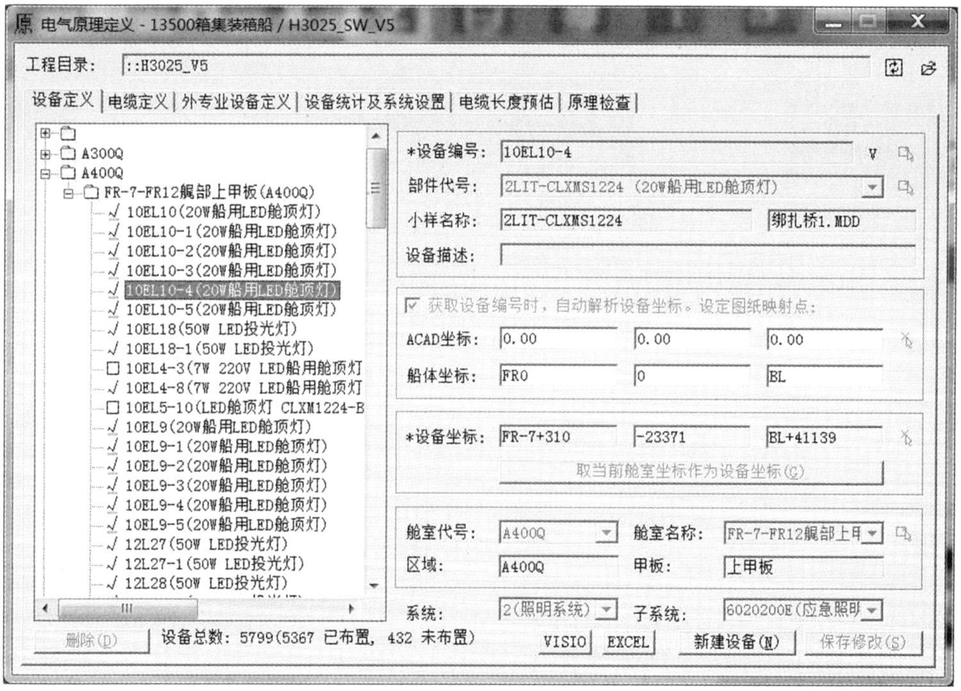

图6.1　设备定义界面

左侧为电气原理库中的设备记录树(图6.2),其中√代表该设备已在模型中布置,□为未布置设备,已布置设备不允许修改;

“设备编号”(MDN)是设备在全船的不重复名称,也是设备原理库中的关键字。

“部件代号”(PMC)表示设备的型号,同一型号(即同一个PMC)可以有多个设备(即多个 MDN)；

“部件名称”(VN)表示设备的图形。它根据 PMC 而定(在标准库中的 ELEC_PART_DEV 表中指定 PMC-VN 的对应关系)；

“图纸映射点”用于从设备布置图中拾取 CAD 中文本对象作为 MDN 时，根据文本对象的位置，自动计算出该设备的船体坐标。

“设备坐标”表示该设备布置在模型中的位置。它可以在拾取 MDN 时自动计算，也可以手工输入，也可以取当前舱室中心坐标。

“舱室”指定该设备原理所属的舱室。

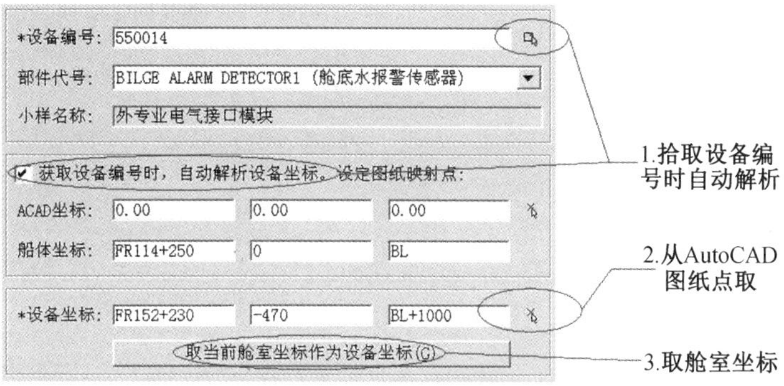

图 6.2 电气原理库中的设备记录树

6.1.2 操作方法

新建设备：新建一条设备原理记录；

删除设备：在原理库中删除当前选中的记录，此操作不可恢复；

保存新建/保存修改：将当前设备原理记录内容保存或更新到原理库

在树结点上还可以弹出上下文菜单，执行一些功能，如查找、导出设备列表文本、更改树结点的显示方式等。

6.2 电缆定义

6.2.1 电缆定义界面

电缆定义界面如图 6.3 所示。图 6.3(a)中，左侧为电气原理库中的电缆记录树，其中“√”代表该设备已在模型中布置，“□”为未布置设备，已布置电缆不允许修改。

右侧“电缆编号”为电缆在全船的不重复名称，也是电缆在原理库的关键字；系统号、子系统号为电缆所在层次位置；电缆型号、规格、类别、主局等指定电缆的特性；首/尾设备指定电缆两端连接的电气设备编号；“字串分割”设定从系统图中拾取电缆编号时，如果拾取的文本中含电缆型号、规格，则同时解析，自动填到电缆型号、规格控件中(图 6.3(b))；“筛选”指在电缆规格组合框中，只列出当前选中的电缆型号对应的规格。

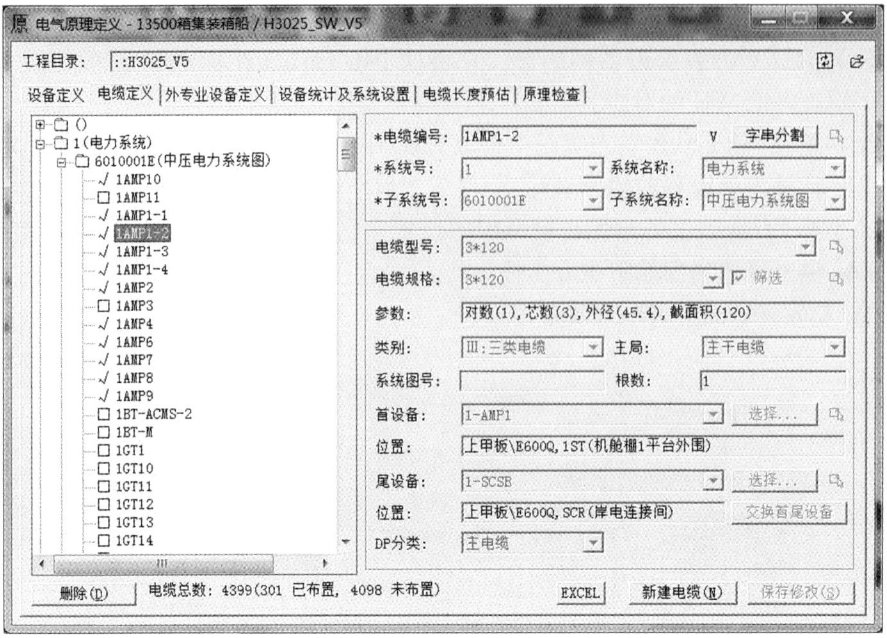

(a)

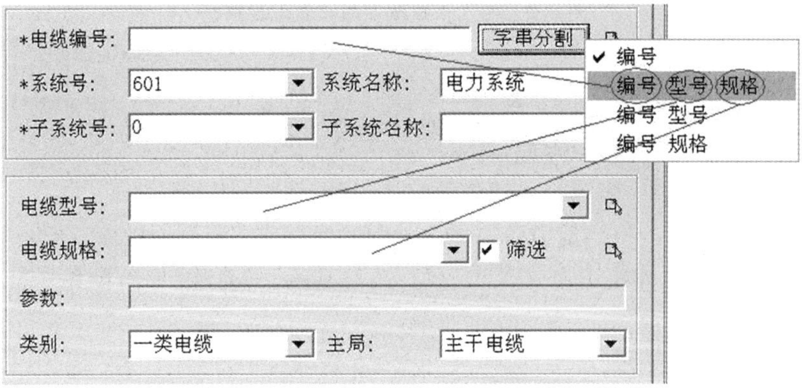

(b)

图 6.3　电缆定义界面

6.2.2　操作方法

新建电缆:创建一条电缆原理记录;

删除电缆:删除当前原理树库中的结点,同时删除原理库中的相应记录,此操作不可恢复;

保存新建/保存修改:将当前设备原理记录内容保存或更新到原理库;

导出电缆文本:导出当前选中的结点下的电缆列表。

6.3 外专业设备定义

6.3.1 外专业设备界面

外专业设备上连接电缆,有两种方案:

第一种方案是:在外专业设备小样上添加电缆连接点,比如在轮机专业的水泵部件的接线处添加电缆连接点,水泵布置到轮机模型后,再通过本功能,读取轮机模型,检索并列出其中含电缆连接点的模型,新建一条电气设备原理,这条电气设备原理与普通设备原理的区别在于:它不需要电气设备小样,电气设备布置时,直接调出水泵小样,布置结束后也只有删除功能,不能做移动等其他操作。

第二种方案是:创建一个普通的电气设备原理,比如接线盒,将其坐标指定在水泵的接线处。这时该设备原理与其他设备原理的操作没有任何区别。

两种方案都可以选用,并且可以同时使用,可以根据具体情况而定,哪种方便,就使用哪种。这里的“外专业设备”对话框(图 6.4)针对的是第一种方案。

图 6.4　外专业设备界面

图中,左侧的列表控件列出已读取、带电缆连接点的外专业模型,每行代表一个电缆连接点,电气设备编号栏代表该连接点对应的电气设备原理记录,如果该栏为空,则表示还未创建对应电气设备原理记录。

右上侧为电气设备原理库,右下侧为选中的外专业设备小样预览。

左下侧的控件组为读取外专业模型、创建/修改对应的电气设备原理记录。

6.3.2 操作方法

按“读取管子原理”或“读取外专业模型…”按钮，检索含电缆连接点的外专业模型；

选中一条管子原理记录或外专业模型记录（如果该模型有多个电缆连接点，则列表控件中会显示多行）；

在“设备编号”编辑框中输入电气设备原理编号，再指定该电气设备原理所在舱室；

“电气坐标”仅用于电缆估算，不作为布置外专业设备的依据；

“描述”用于电缆表册中当电缆的首/尾设备是外专业设备时的设备中文说明，与设备原理结构的中文说明（DC 字段）相当；

最后按“保存新建”即可。

6.4 设备统计及系统设置

6.4.1 统计设备中的电缆

以设备为单位，按照区域、舱室或者单个设备，统计并输出设备中的电缆详细信息（图 6.5），包括电缆编号、电缆型号、规格等。

图 6.5 统计设备中的电缆设置

6.4.2 设备质量统计

按照区域、舱室或者单个设备，统计设备的质量重心（图 6.6）。

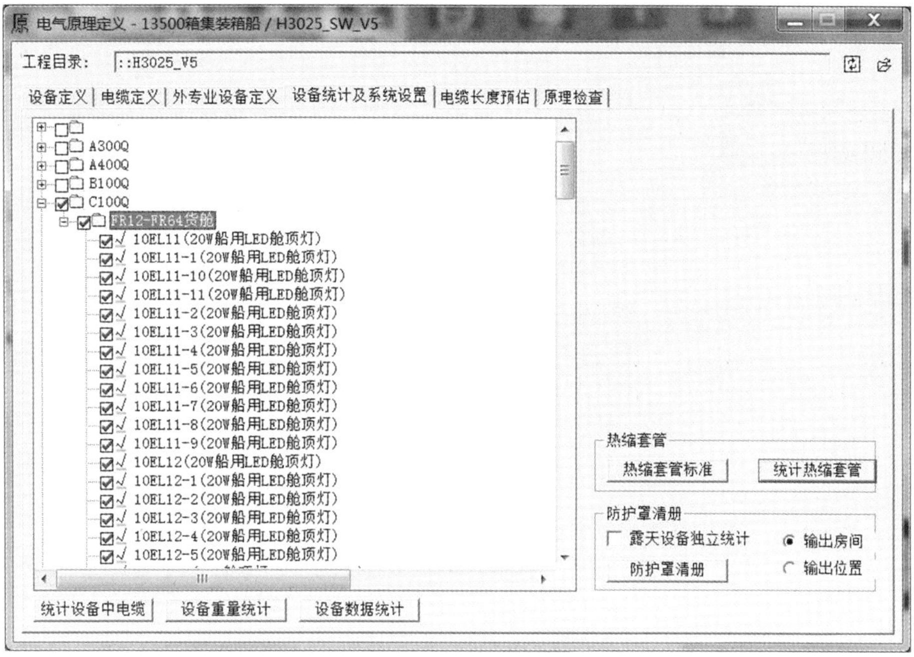

图 6.6　设备质量统计界面

6.4.3　设备数据统计

按照区域、舱室或者单个设备,统计设备的信息(图 6.7),与设备质量统计的区别在于设备数据统计按照舱室为单位,一个舱室生成一页 sheet。

图 6.7　设备数据统计界面

6.4.4 热缩套管统计

通过设置统计热缩套管的标准，可以根据电气原理中的设备原理和电缆原理，统计船上使用到的热缩套管数量。

点击“热缩套管标准”，弹出的对话框如图 6.8 所示。

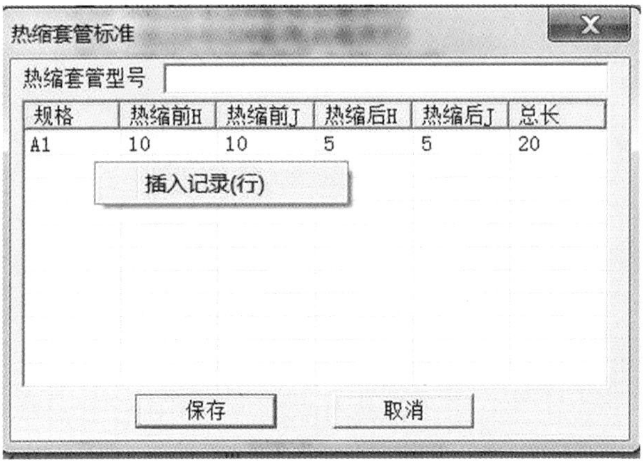

图 6.8 “热缩套管标准”对话框

在空白处点击右键，可以添加热缩套管标准数据。

点击“统计热缩套管”按钮，生成热缩套管数据，如图 6.9 所示。

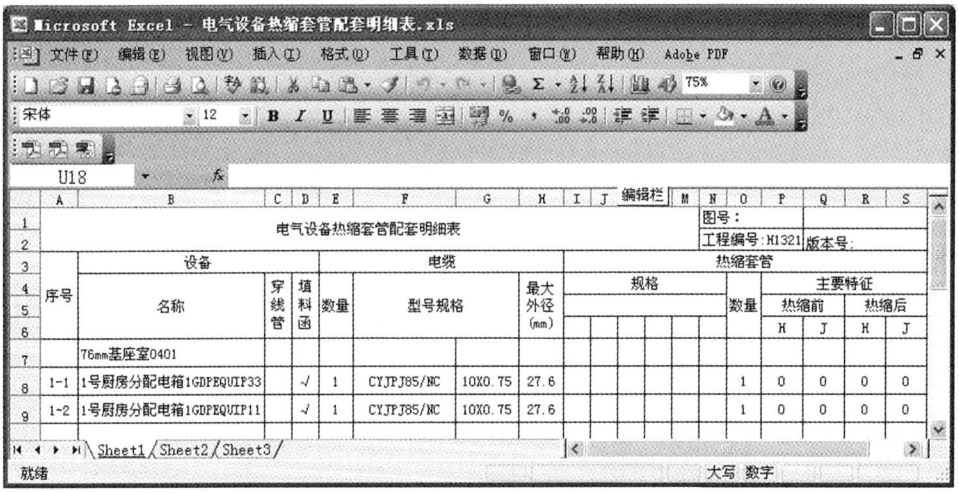

图 6.9 热缩套管数据明细表

6.4.5 防护罩清册统计

按照区域、舱室或者单个设备，统计设备的防护罩信息，如图 6.10 所示。

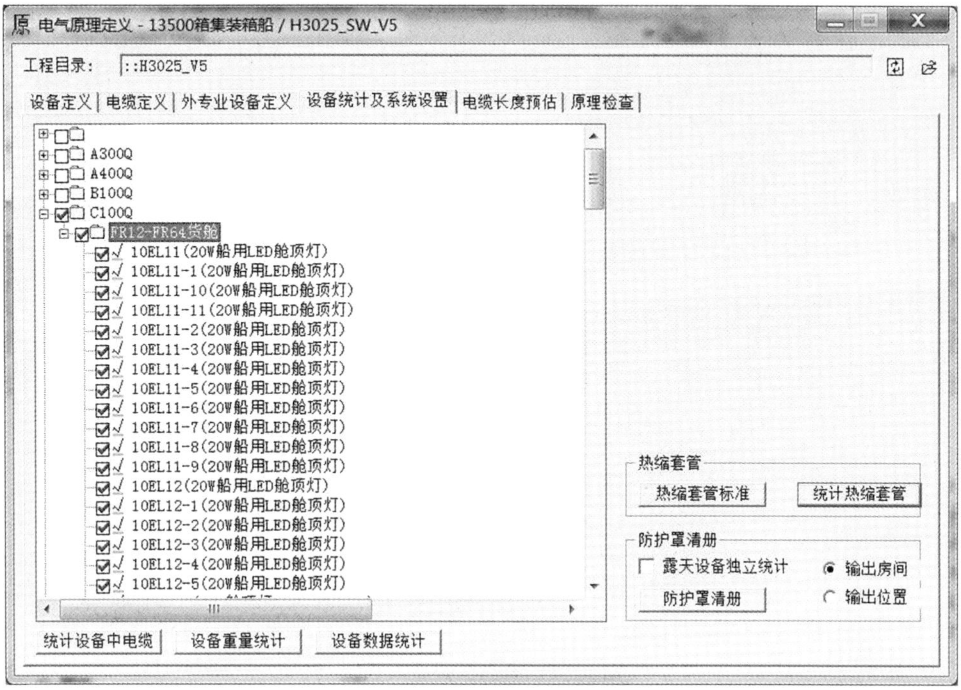

图 6.10　统计设备的防护罩信息

6.5　电缆长度预估

6.5.1　电缆长度预估

按照系统、子系统或者单根电缆，预估电缆的长度，如图 6.11 所示。

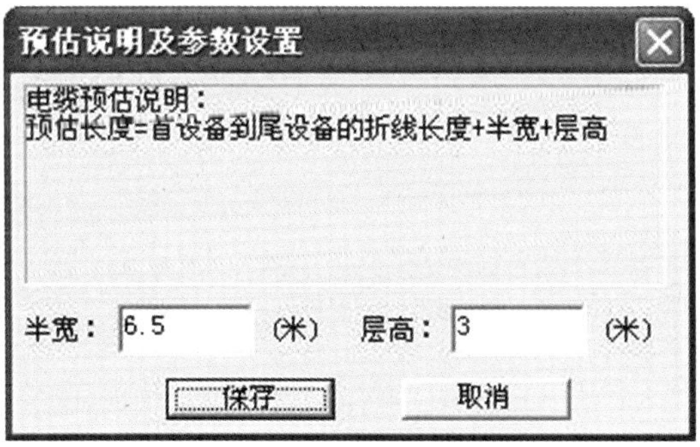

图 6.11　预估电缆的长度界面

电气原理处理界面如图 6.12 所示。

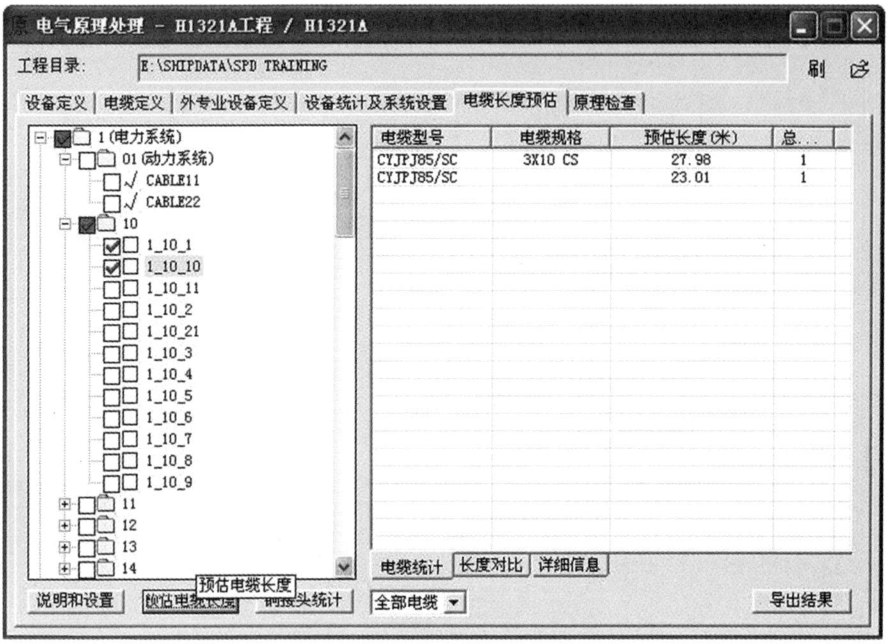

图 6.12 电气原理处理界面

6.5.2 铜接头统计

按照系统、子系统或者单根电缆,统计电缆的铜接头,如图 6.13 所示。

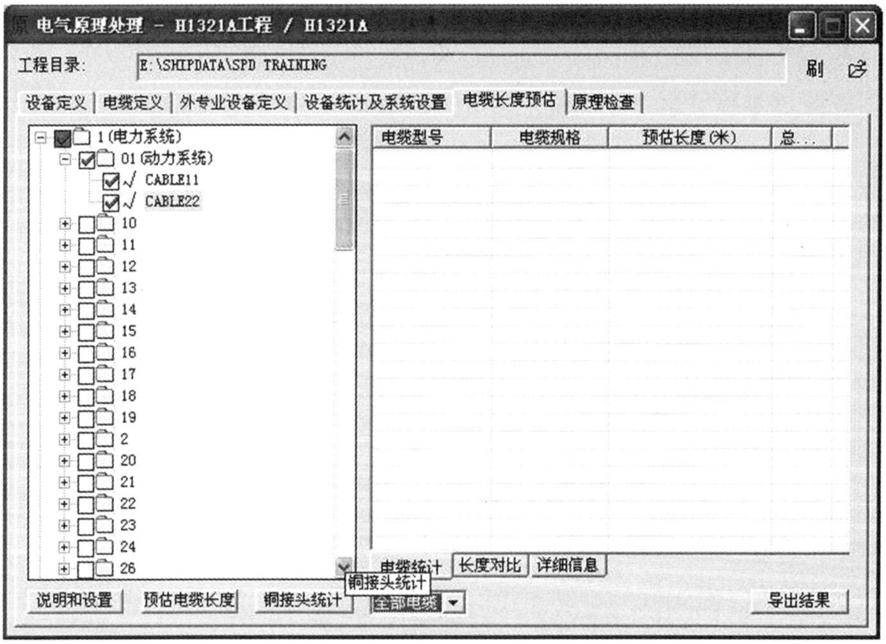

图 6.13 铜接头统计界面

6.6 原 理 检 查

6.6.1 检查电缆原理

点击“检查电缆原理”，查找并输出原理库中信息不完整的所有电缆原理，比如缺少电缆型号、电缆规格、起始设备、终止设备等，如图 6.14 所示。根据列出的电缆编号，在“电缆定义”中找到该电缆，将电缆数据补充完整。

点击“检查电缆原理”时，会根据电缆标准库中的数据，自动更新电缆原理中的电缆外径。

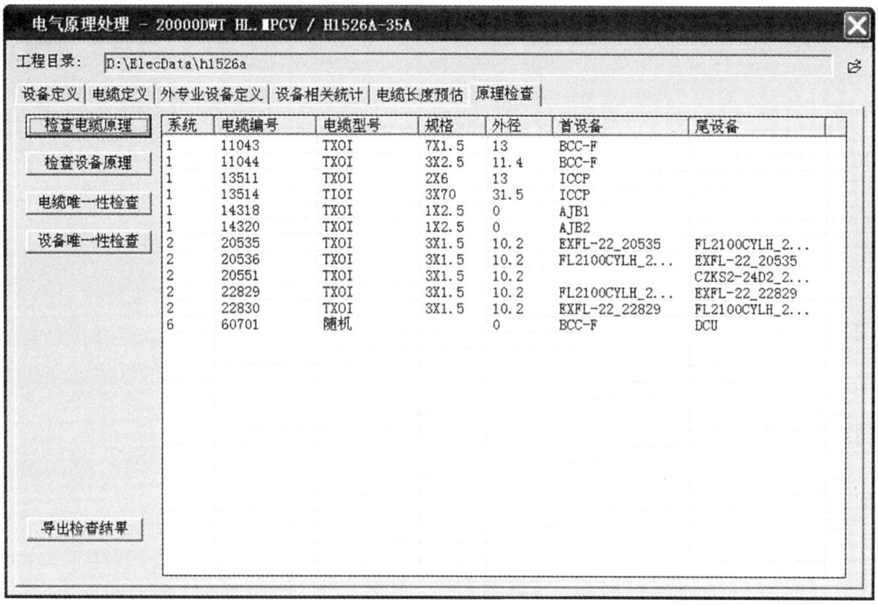

图 6.14 检查电缆原理

6.6.2 检查设备原理

点击“检查设备原理”，查找并显示原理库中信息不完整的所有设备原理，比如缺少设备的部件代号、设备小样、所属舱室等，如图 6.15 所示。根据列出的设备编号，在“设备定义”中找到该设备，将设备数据补充完整。

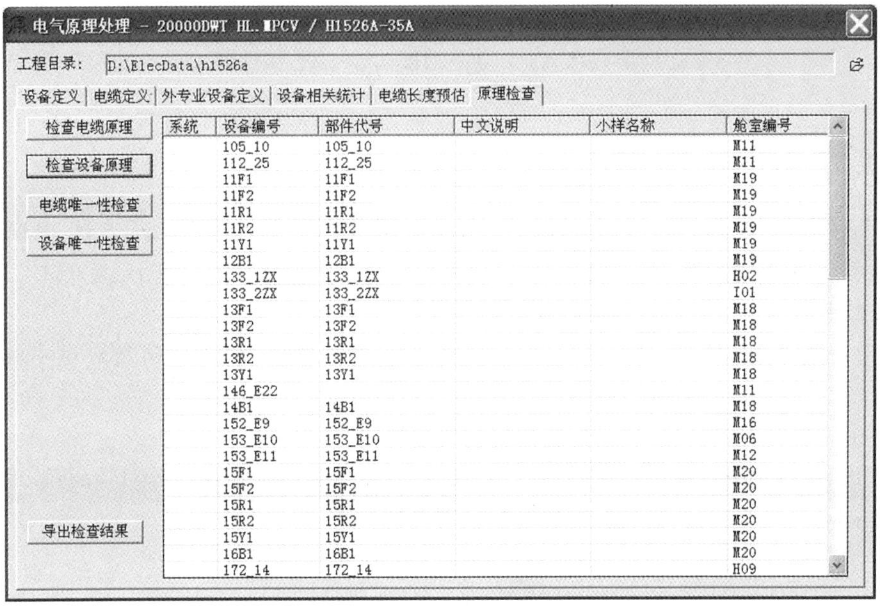

图 6.15 检查设备原理界面

6.6.3 电缆唯一性检查

查找在电气原理库中有重复编号的电缆。

6.6.4 设备唯一性检查

查找电气原理库中有重复编号的电气设备。

6.6.5 设备模型检查

检查各个模型中的设备原理已经删除,但是设备模型还存在的设备记录。

第7章　电气原理图处理

7.1　AutoCAD 图纸处理

本模块用于处理由 AutoCAD 绘制的电气设备布置图和系统图，通过 AutoCAD 的拾取方法，批量生成设备/电缆原理记录。

7.1.1　加载程序

加载程序界面如图 7.1 所示。

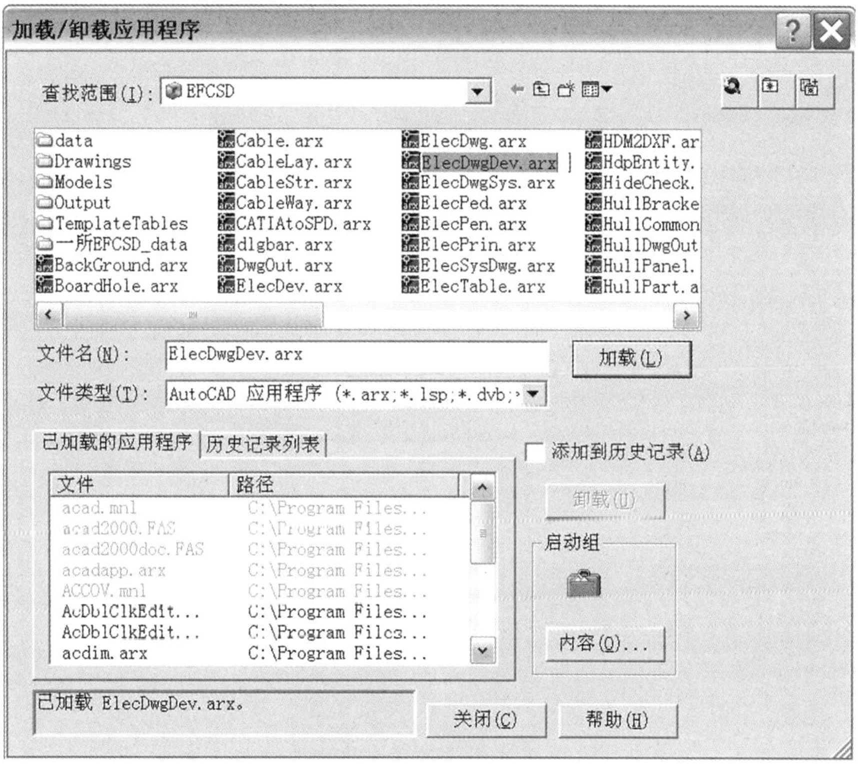

图 7.1　加载程序界面

7.1.2　打开设备布置图/系统图

在 AutoCAD 中打开一张设备布置图或系统图。

7.1.3　主界面

在 AutoCAD 命令行，输入命令 ElecDwgDev，启动“电气原理图处理”对话框，首先要打开工程,然后就可以在设备布置图或系统图上拾取设备或电缆标识,生成原理记录。

主界面为 AutoCAD 下的无模式对话框,第一页是“设备布置图”处理(图 7.2),用于生成设备原理记录,第二页是“系统图”处理(图 7.3),用于生成电缆原理记录。

图 7.2 电气原理图处理设备布置图

图 7.3 电气原理图处理系统图

对话框的左侧树为原理库记录列表，右侧树为新获取的记录列表。按右上角的保存按钮( )将右侧新获取记录保存到左侧原理树。

使用鼠标右键点击原理树或新获取树的树结点，可以调出不同的上下文菜单，执行不同的操作。

右下方为当前选中树结点所对应的记录属性，可以修改记录属性，如果当前选中记录是已布置设备或电缆，则不能修改。

7.1.4　拾取设备/电缆

：进入“设备布置图”或“电缆系统图”，操作者通过选择 AutoCAD 对象，程序自动识别电气设备/电缆标识，并生成新记录并加入右侧的新获取记录树中。

7.1.5　拾取前设置

设备布置图和系统图在进入 CAD 拾取前要正确地设置缺省值，用于填充缺省字段、过滤无用信息，得到正确的识别结果。设备布置图和拾取电缆系统图的拾取前设置内容不同，分别如图 7.4 和图 7.5 所示。

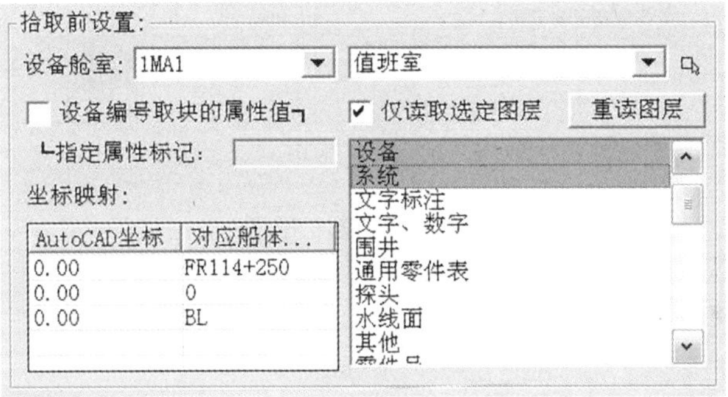

图 7.4　设备布置图拾取前设置

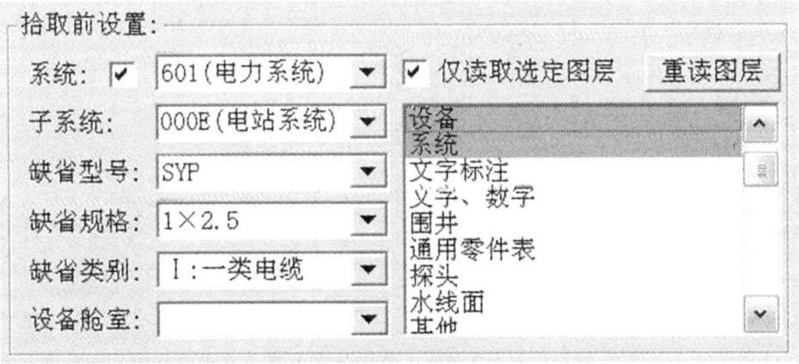

图 7.5　拾取电缆系统图拾取前设置

设备编号取块属性：设备编号的生成规则参见“6.2.1 设备布置图”，但是图纸上的设备以属性块绘制时，也可以不按照该生成规则，而是直接读取块的属性值。勾选该检查框，并在下面的编辑框中输入生成表达式，用两个“ $ ”将属性名括起，如：$ 属性名 1 $ 、$ 属性名 2 $ 、$ 属性名 3 $ 。

设备舱室：设置下次新获取设备的舱室，缺省是<不指定舱室>。如果新获取设备编号已存在，并且这里设置为<不指定舱室>，则保留原指定舱室；否则用指定舱室替换原舱室。

坐标映射点:这一组控件用于设置下次获取设备时的坐标转换关系,将图纸中的 AutoCAD 坐标转换成船体坐标。绘图基点列表控件一定要设置正确,才能得到正确的设备坐标。

仅读取选定图层:过滤掉不需要的 CAD 图层,提高识别效率和准确度。

7.2 AutoCAD 图纸要求

7.2.1 设备布置图

设备布置图如图 7.6 所示。

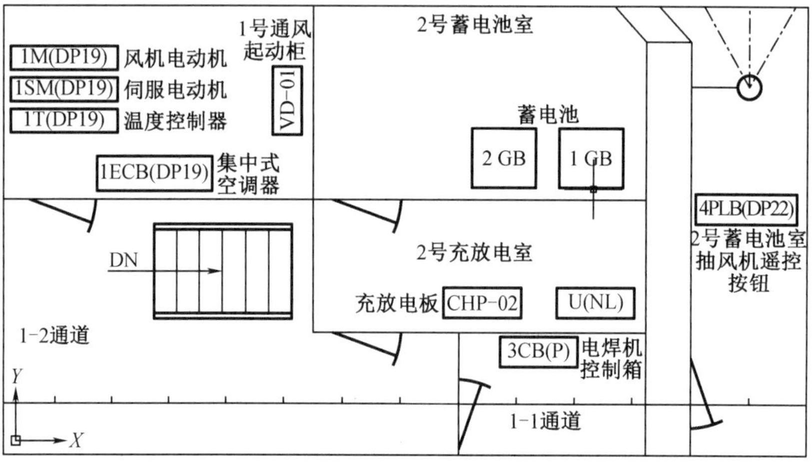

图 7.6 设备布置图

7.2.2 系统图

系统图如图 7.7 所示。

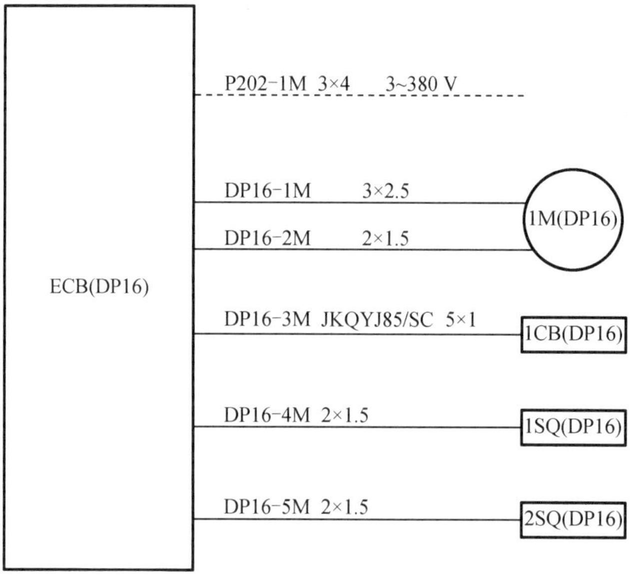

图 7.7 系统图

7.2.3　电气设备、电缆标示

设备布置图中，电气设备表示为1ECB(DP19)、M/0.75等图形符号，其特征为：

(1)封闭曲线内部包含文字，曲线包围区域的中心为设备坐标(X,Y)；

(2)文字代表设备编号，如果文字与工程的电气标准库中 ELEC_PART_DEV 表的 PMC 字段(部件代号)匹配，则作为“部件代号”；

(3)整个标识可以是 AutoCAD 块，也可以仅由一些曲线和文字对象组成。

在系统图中，电缆表示为 DP16-4M、JKQYJ85/SC、5X1 等文字，其特征为：

①直线上/下方的文字，代表电缆编号、型号、规格；

②直线两端连接的为该电缆的首/尾设备；

③电缆型号、规格如果不标出，则取缺省值。

1. 普通设备(中型、大型设备)定名规则

封闭曲线加文本，以文本为设备编号 MDN 和部件代号(即设备型号)PMC。如果有上、下标，程序忽略。

2. 小型设备定名规则

小型设备定名必须是块，且以 PMC 为块名(即块名必须存在于 ELEC_PART_DEV 表中，作为识别小型设备的依据)。

①设备布置图要求

设备布置图要做成属性块，以 PMC 为块名，上标为“系统号页号”(例如 301)，下标为“电缆序号”(例如 21)。

设备编号 MDN 取“块名_上标下标”(例如 L1_30121、EL_30121M)，其中，如果上标不是纯粹数字，则上下标之间加连线“-”(例如 PB_DP16-2M)，如图 7.8 所示。

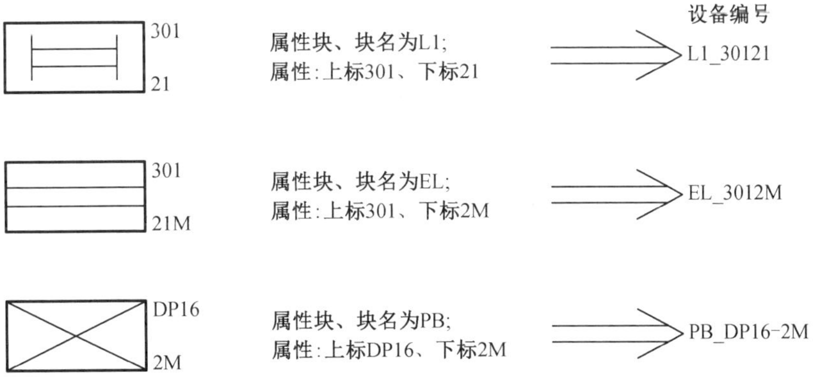

图 7.8　设备布置图定名规则

②系统图要求

电缆绘制时，仅在电缆线上标识“序号”文本(例如 21)，系统号、页号拾取前人工指定，程序组合生成。

电缆编号 SCN 取“系统号页号”+“序号”(例如 30121)，即设备布置图中的“上标”+“下标”。

设备绘制时，使用普通块或属性块(如果是属性块，则上下标在程序读取时忽略，不管

图纸中是否显示)。

设备编号 MDN 取“块名_电缆编号”(例如 L1_30121),与上述设备布置图中的命名规则相同,如图 7.9 所示。

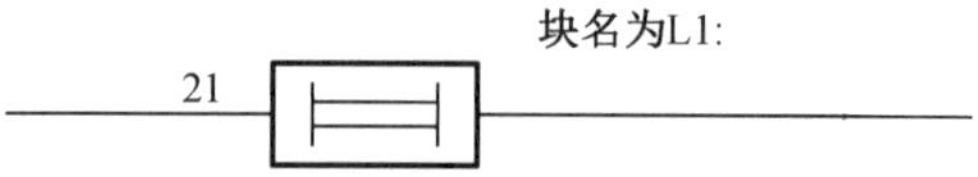

图 7.9　系统图定名规则

3. 电缆命名规则

电缆编号 SCN 直接写在电缆线上/下方,可以由任何字母、数字、连线等字符组成(图 7.10)。

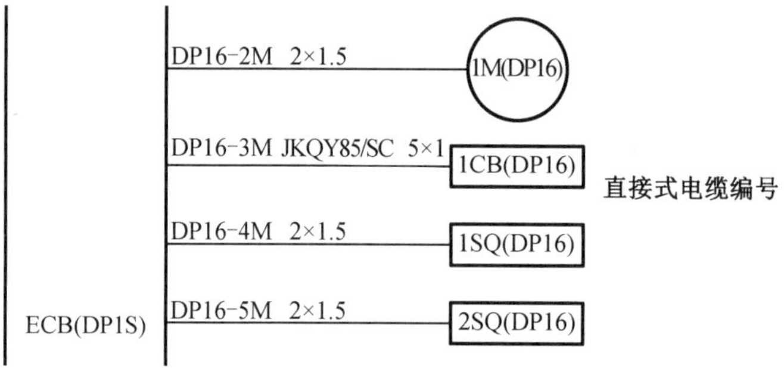

图 7.10　直接式电缆编号

电缆型号、规格也直接写在电缆线上/下方,如果不写,则取默认型号、规格。

电缆编号、电缆型号、电缆规格不能写在同一个 AutoCAD 文本对象,要分成三个文本对象(图 7.11)。

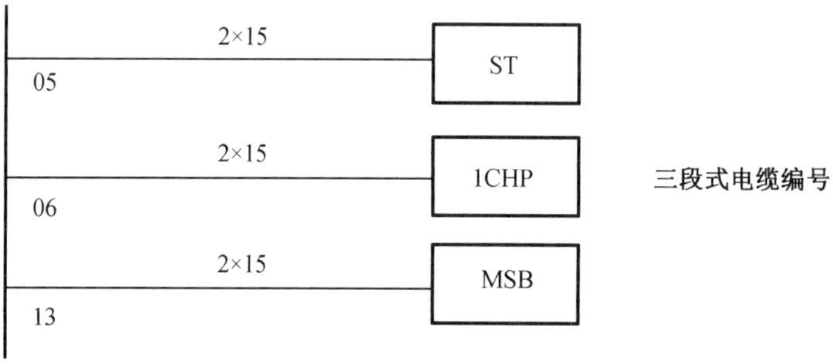

图 7.11　三段式电缆编号

处理系统图前,如果用户给出系统号、页号(例如 301),则按三段式组合电缆编号(例如 30121);否则直接取图纸中的相应文本(例如 DP16-2M)。

7.3　AutoCAD 图纸处理常见问题

AutoCAD 图纸处理常见问题有以下几个。

(1)为什么显示设备原理库的树控件中没有内容？

原因：读取设备原理库失败或者原理库中没有内容。读取原理库失败的一个常见原因是工程没有打开。

解决方法：点击打开工程按钮，选择一个正确的工程目录。

(2)为什么绘图基点列表控件中的船体坐标不显示为船体坐标，而是显示为数字坐标？

原因：工程没有打开。

解决方法：点击打开工程按钮，选择一个正确的工程目录。

(3)为什么原理树中执行“删除设备”菜单项后，有些设备没有删除？

原因：已布置到模型库中的电气设备(显示图标“√”)不允许从原理库中删除记录。

解决方法：首先要从模型库中删除该设备模型记录(删除后设备显示图标为“□”)，然后才能从原理库中删除记录。注意：要从模型库中删除设备，首先要退出设备布置图处理模块，然后打开模型库及图形文件，进入设备和基座布置模块，从而选择删除功能，完成该设备的删除。

(4)没有舱室和区域的设备怎么办？

有些设备在设备布置图上看不属于某个舱室，只属于某个甲板，而本模块中必须以区域—舱室—设备三层数据结构管理设备。因此最好建立一个特殊名称的舱室，比如以该甲板名为舱室名，否则不同甲板的设备由于没有舱室，只能全部放在“未知区域”—“未知舱室”下，不便于分类查看。

7.4　VISIO 图纸处理与要求

本功能可以自动批量读取 VISIO 软件绘制的电气系统图。

7.4.1　VISIO 图纸处理

运行电气原理输入程序，在设备定义中点击“读取 VISIO 图”按钮(图 7.12)，弹出对话框如图 7.13 所示。

设置系统、子系统，然后点击“打开图纸”按钮，选择需要读取的 VISIO 图纸。

新获取到的电缆原理和设备原理将分别显示在“电缆原理”和“设备原理”的两个属性页内，用户可以进行编辑和修改，点击“保存操作”将新获取的原理数据保存到原理库中，点击“取消获取”删除新获取的文件。

7.4.2　VISIO 图纸要求

对 VISIO 图纸上的电气设备和电缆增加自定义属性，如图 7.14、图 7.15 所示。

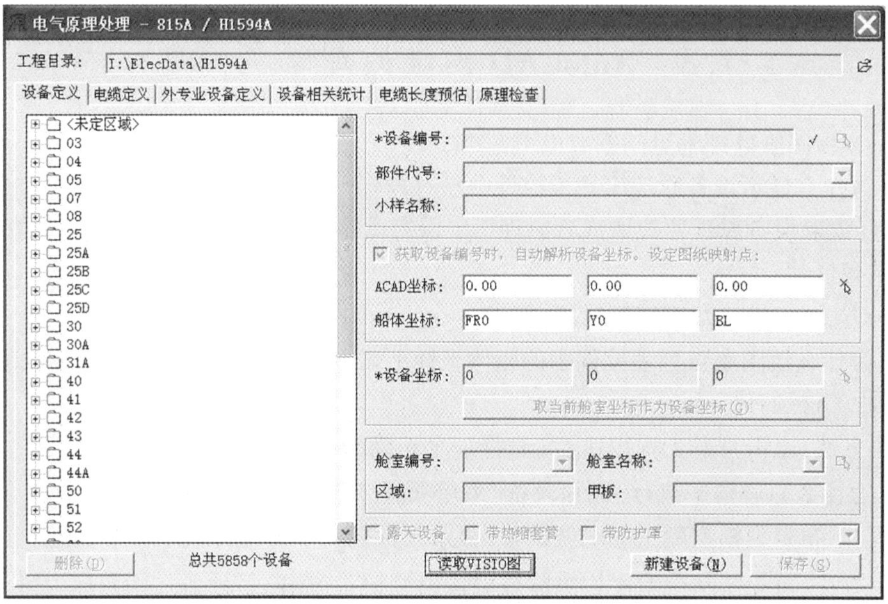

图 7.12　电气原理输入程序

图 7.13　电气原理输入程序 VISIO 数据

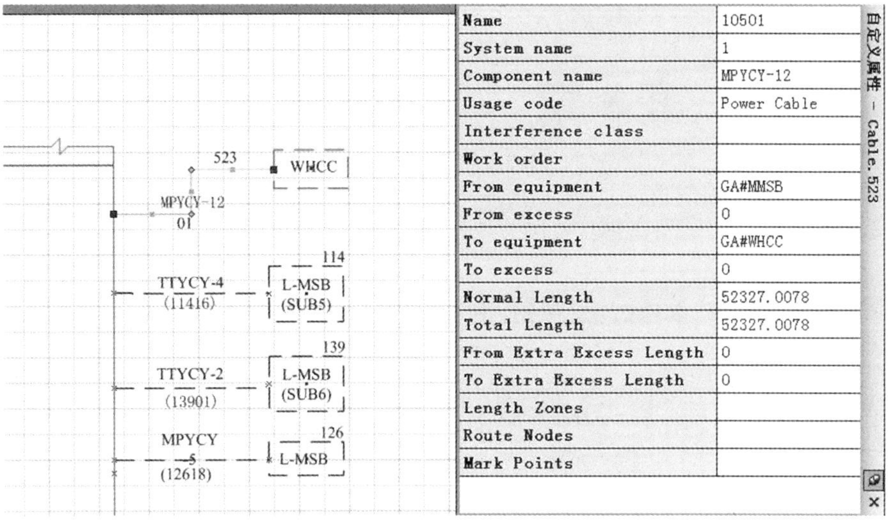

图 7.14　电气设备和电缆增加自定义属性(1)

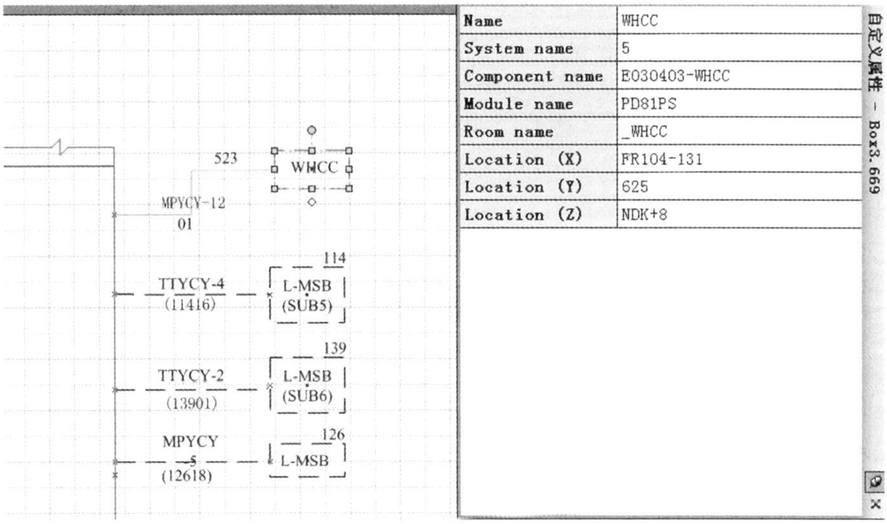

图 7.15　电气设备和电缆增加自定义属性(2)

第 8 章　设 备 布 置

本模块用于在当前模型文件中布置、修改、删除电气设备，所有设备必须已在原理库中定义。

在主工具条上选择“设备处理”按钮，出现设备处理工具条，如图 8.1 所示。

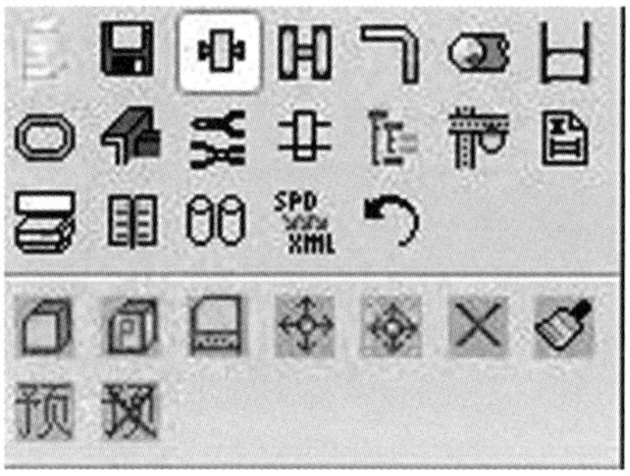

图 8.1　设备处理工具条

设备处理工具条包括以下按钮：

①设备布置；

②设备属性查看及修改；

③参数化设备查看及修改；

④设备移动、旋转；

⑤设备删除；

⑥更新；

⑦预设备预布置；

⑧预删除预布置设备；

设备布置到模型文件（ *. MDD）的过程，就是根据设备原理记录（工程编号为_E. PPD），在小样库（工程编号为. PEL）中找到相应部件定义，在图形文件（ *. DW2）生成图形的过程。

所有设备首先要在原理库中存在记录，然后才能布置到模型库。一个设备原理记录只能布置一次。

删除一个设备模型只是从模型库中删除模型记录，在原理库记录中只会做一个未布置标记，而不会删除原理记录；删除一条设备原理是不可恢复的永久删除设备原理记录。已布置设备首先删除模型记录，然后才能删除原理记录。

设备布置到模型中，如果属性改变了，比如坐标重新定位，则更改的属性会写回到原理记录，以保持原理记录和模型记录中属性的一致。

基座没有原理记录，只有模型记录。基座布置是根据电气标准库，选择一个基座型号，布置到模型文件中。

8.1 设备布置概述

8.1.1 功能介绍

将原理库中的设备记录布置到当前模型文件中。

布置过程主要是确定设备坐标,方向使用当前缺省方向(通过上下文菜单中的“缺省布置方向”来设置),可以直接根据设备原理记录中坐标,也可以交互指定坐标。

8.2.2 操作步骤

(1)选择设备布置按钮:出现设备原理树(图8.1),选中一个未布置设备,可以根据原理记录中的缺省坐标布置,也可以交互布置(用户指定坐标)。

(2)根据缺省坐标布置:弹出上下文菜单并选择“直接布置”,则该设备以原理记录中的坐标和缺省布置方向布置到当前模型中。

(3)交互布置:进入视区,点取或输入三维坐标作为设备放置的基点,即完成设备布置。

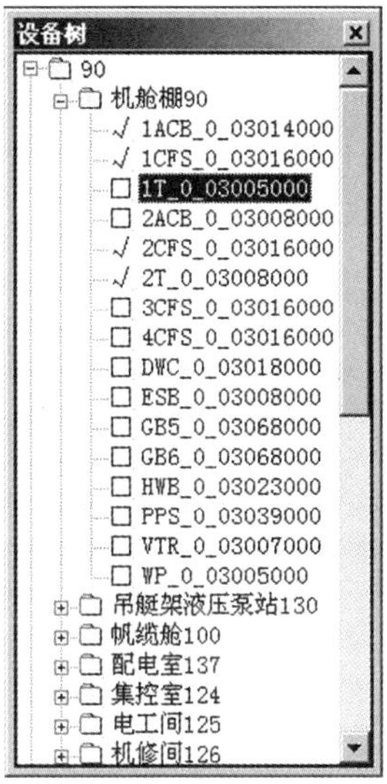

图 8.1 设备树

8.2 设备属性查看及修改

8.2.1 功能介绍

显示、修改选中设备的坐标等属性。这项功能对于设备位置微调,或用户明确知道设备布置坐标、不使用捕捉方式定位很有用。

8.2.2 操作步骤

(1)选择设备属性显示及修改按钮;

(2)在视区中,选择一个设备模型,弹出“设备属性”对话框;

(3)在对话框中用鼠标双击相应条目,出现编辑框,修改相应参数,编辑结束后修改生效,图形实时更新;

8.2.3 注意事项

(1)有些属性条目不允许修改,比如“设备中文代号”,鼠标双击相应条目不会出现编辑框;

(2)有些属性条目允许修改,但输入错误时修改无效,仍然恢复修改前的状态,比如“8.3 基座属性修改”中的“基座编号”,不允许在当前模型库中重名,如果输入的基座名已被其他基座占用,则输入无效。

8.3 参数化设备查看及修改

8.3.1 功能介绍

设备部件有两种：一种是使用部件库中的固定尺寸部件，这种设备布置到模型文件后，尺寸不能调整；另一种是使用参数化部件库中的可调整尺寸部件，这种设备生成模型后，可以通过更改参数更改模型尺寸。

本功能是对参数化设备进行参数调整，非参数化设备不会被处理。

目前参数化设备小样品种比较少，所以很少使用。

8.3.2 操作步骤

(1)选择参数化设备修改按钮；

(2)在视区中，选择一个设备模型，弹出“输入参数”对话框；

(3)在对话框中修改相应参数，确认关闭对话框，设备模型实时更新。

8.4 设备移动和旋转

8.4.1 功能介绍

修改已布置设备的位置和方向，有三种方式：平移、旋转、四点定位。

平移：调整设备位置坐标；

旋转：指定旋转轴，调整设备放置方向；

四点定位：同时进行平移和旋转，方法为指定一根贯穿设备的轴，将该轴变换到指定位置。

如果设备连接点恰好落在基座连接点上，则自动建立新的连接关系，并且设备的放置方向也会根据基座方向自动调整。

对于已经连接基座的设备，会提示并由用户选择是否连带移动基座。

注意：设备与基座的连接点关系是通过双方小样中的连接点属性来维持的，小样中的连接点不仅定义了相对位置，还定义了相对方向，这样保证了设备与基座连接时彼此方向的正确性。

8.4.2 操作步骤

1. 平移

(1)选中“平移”无线按钮；

(2)进入视区，选择一个设备；

(3)输入移动量；

(4)输入成功后，设备就移动到新位置。

2. 旋转

(1)选中“旋转”无线按钮，进入旋转命令。

(2)选择“旋转轴设置”无线按钮,设置旋转轴。

(3)选中或取消“缺省旋转基点”检查框,如果选中,则使用设备连接点作为旋转轴的第一点;如果取消,则在以下操作中,人工指定旋转轴的第一点。

(4)进入视区,选择一个设备,被选中的设备将高亮显示。

(5)如果“缺省旋转基点”检查框取消,则确定旋转轴的第一点,否则直接进入下一步。

(6)如果当前“旋转轴设置”是“任意”,则确定旋转轴的第二点,否则直接进入下一步。

(7)输入旋转角度。有两种方式:一种直接在 AutoCAD 命令行输入一个角度值(不是弧度);另一种是通过点输入,给出转角的始、末两点,由程序计算角度值。

(8)输入成功后,设备就旋转到新位置。

注意:要先选择旋转轴,再选择被旋转的设备。

3. 四点定位

四点定位通过指定四个点确定设备的变换。第一、三点确定“贯穿”设备的固定轴;第二、四点确定目标轴;固定轴“平移+旋转”到目标轴,带动设备“平移+旋转”到新位置。

注意:旋转只能在当前视区所在的平面内进行,不能进行三维旋转。

(1)选中“四点定位”无线按钮;

(2)进入视区,选择一个设备;

(3)输入第一点,该点为设备移动基点(图 8.2);

(4)输入第二点,第一点将平移到该点(移动终点)(图 8.3);

(5)输入第三点,该点的确切位置并不重要,关键是与第一点构成固定轴(图 8.4);

(6)输入第四点,该点的确切位置并不重要,关键是与第二点构成目标轴(图 8.5);

(7)输入成功后,设备就移动旋转到新位置(图 8.6)。

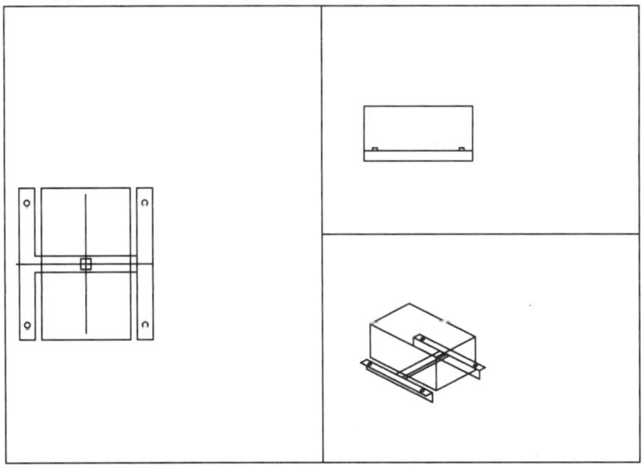

图 8.2 输入移动基点(第一点)

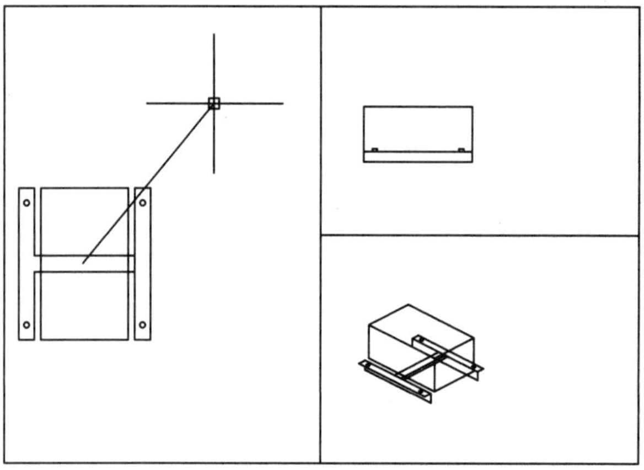

图 8.3　输入移动终点(第二点)

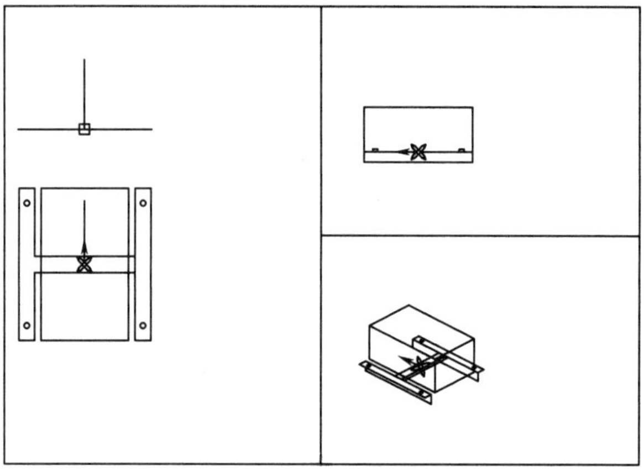

图 8.4　输入移动点(第三点)

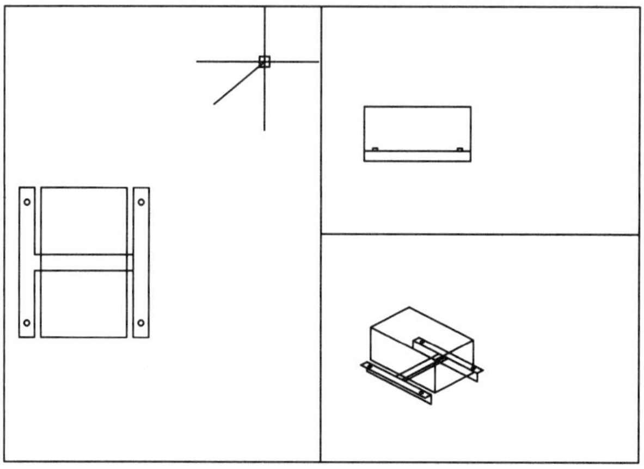

图 8.5　输入移动终点(第四点)

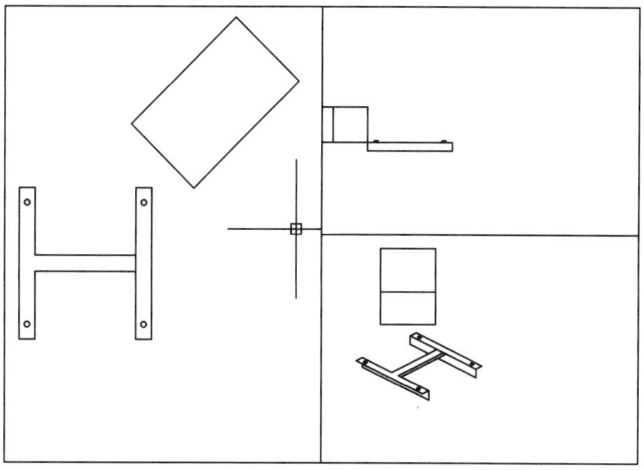

图 8.6　四点定位操作完成

8.5　设备删除

8.5.1　功能介绍

从当前模型库中删除已布置设备,该设备的原理记录不会被删除。
删除设备不会自动删除连接的基座。

8.5.2　操作步骤

选择设备删除按钮,出现当前模型中已布置设备列表,删除设备有以下两种方法;
(1)选中列表中的设备,单击“删除”按钮;
(2)在视区中选择要删除的设备图形,并确认。

8.6　更　　新

8.6.1　功能介绍

包括4个更新子功能(图8.7)。

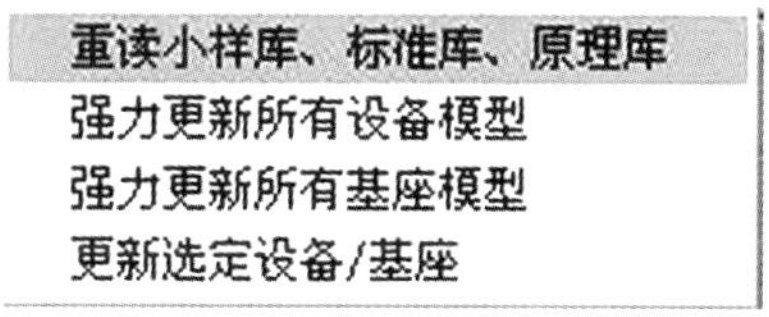

图 8.7　更新功能模块

1. 重读小样库、标准库、原理库

当修改过小样库、标准库或原理库后,不退出设计系统,通过本功能就能在当前建模环境使用小样库、标准库或原理库的最新数据。

2. 更新所有设备模型

主要用途是根据外形或连接点修改后的小样，重新生成设备模型图形。

3. 更新所有基座模型

主要用途是根据更新后的设备模型图形，重新适配生成参数化基座图形。

4. 更新选定设备或基座

仅更新用户在图面上选中的设备或基座。

8.6.2 操作步骤

选择并执行相应菜单项。

8.7 设备预布置

8.7.1 功能介绍

电气生产设计过程中会遇到电气设备原理还没有确定(即无法定义电气设备原理。比如，来自船舶设计院的设备布置图和电气系统图还没有到达，或者处理沟通修改中)，但管系等其他专业生产设计却需要与电气专业协调建模空间，否则其他专业以为该空间为可用，会将管子等模型布置占用。这时可以只根据设备小样将设备预布置到模型中占位，等电气设备原理定义完成时，再删除预布置设备，改布置最终的电气设备。

8.7.2 操作步骤

点击“设备预布置”按钮，弹出“设备部件列表”对话框，列出设备部件管理中定义的所有记录，选择一个设备部件记录，再在 CAD 图面上选择布置点坐标即可。

点击“删除预布置设备”按钮，在 CAD 图面上选择已经预布置的设备并确认。

8.8 其他功能

在本章的设备处理功能中，大部分情形都有一棵设备原理树，用户可以通过调出上下文菜单(鼠标右键点击树控件或按 Windows 上下文菜单键)来执行这些功能。不同的状态、不同的树结点调出的菜单会有一些不同。

8.8.1 缺省布置方向

大部分设备是正向放置(即设备小样正方向(*W* 方向)与船体坐标 *Z* 方向一致)。为了减少操作，设备布置时，程序不需要用户指定放置方向，自动以当前方向布置，缺省的当前方向是 Z 轴正向。

但对于灯这类设备，其放置方向会随位置变化，比如安装在天花板和安装在墙壁，放置方向就不同。

因此对于不是正向放置的设备，用户可以通过设置当前布置方向来解决。

也可以不管当前布置方向，而是在设备布置后，通过旋转功能来调整方向。

8.8.2 查找设备记录

在新获取设备树或原理树中,通过上下文菜单或按快捷键 F3,调出查找对话框,在“查找目标”编辑框中输入设备名称,可以从当前结点开始查找指定设备。找到的第一个设备将自动展开并定位,按快捷键 F3 查找下一个。

查找模式支持精确匹配、部分匹配、通配符匹配三种方式。

通配符匹配支持“ * ”(当前位置开始的任意一个字符)和“?”(当前位置的一个字符)。

比如:设备“MSB_0301001”,如果是精确匹配模式,则必须输入 MSB_0301001;如果是部分匹配模式,则可以输入 MSB、0301、0301001 等;如果是通配符模式,则可以输入 MSB * 、MS? _03 * 、* 0301 * 等。

第9章　基座布置

本模块用于在当前模型中布置、修改基座。

在主工具条上选择“基座处理”按钮,出现基座处理工具条.

基座处理工具条包括以下按钮:

①根据设备布置基座;

②基座布置;

③基座属性查看及修改;

④参数化基座查看及修改;

⑤基座脚高修改;

⑥基座单个脚高修改;

⑦基座移动和旋转;

⑧基座删除;

⑨检查设备—基座连接关系。

9.1　基座编号命名规则

9.1.1　定义命名规则

已布置基座模型在全船工程中有唯一的名称,称为基座编号。基座编号根据用户在工程配置文件和电气基座部件标准中的设置生成。

在工程配置文件(Proj.ini)的[Elec]节中,可以设置中型基座(MPedDsm)和小型基座(SPedDsm)的命名规则,如下所示:

```
[Elec]
MPedDsm=$Ds$$Area$_$Sn$
SPedDsm=$Jmc$_$SizeSn$_$Sn$
MPedPrefix=$Ds$$Area$
SPedPrefix=$Jmc$_$SizeSn$
RenDsmOnPedUpdate=1
```

其中:

(1)MPedDsm为中型基座的命名规则;SPedDsm为小型基座的命名规则。

(2)MPedPrefix和SPedPrefix为基座制造表、托盘表等表册中的$Prefix$变量的计算规则。MPedPrefix和SPedPrefix不支持Sn,通常取MPedDsm和SPedDsm的前两段。

(3)RenDsmOnPedUpdate=1表示更新基座模型时自动重新命名基座编号。

提示:虽然大多数中型基座的参数号是51xx、小型基座的参数号是54xx,但是因为51、54段的参数号基本用完,新基座可能不再使用51、54段参数号,所以区分两种类型要根据内码而不能根据参数号。中型基座的内码是 SE5xxx,小型基座的内码是 SE4xxx,参见参数化部件设计模块(PPDL.exe)。

9.1.2 命名规则支持的变量名

Blk:分段(来自托盘定义中的"所属分段")。

Plt:托盘。

Ds:甲板简称。

$Deck$:甲板代号。

$Area$:区域。

$Room$:舱室代号。

Mdn:设备代号。

$Sname$:基座部件代号。

Jmc:小型基座别名。

Pmk:基座部件记号。

$SizeSn$:不包括脚高的安装尺寸之顺序号(程序自动编号。中型基座以 L 开头、小型基座以 L 或 H 开头的变量视为脚高变量,其他均视为安装尺寸)。

$ParaSn$:包括脚高的所有尺寸之顺序号(程序自动编号)。

Mdf:模型文件名(不含扩展名。如:E95)。

Sn:顺序号(程序自动编号)。

其中,Jmc取电气基座部件标准中的基座别名(JMC)字段。Jmc可以是固定值(即沪东船厂设计一所的现状),也可以是由参数化变量名组成的表达式(表达式与导架的"简易规格"之要求相同,不同的基座类型支持的参数化变量名各不相同)。

9.1.3 注意事项

基座编号命名注意以下事项。

(1)命名规则以及最终生成的基座编号均不能超过 32 个字符。

(2)为保证基座编号的全船唯一性,建议包含Sn。

(3)$SizeSn$与$ParaSn$不能同时存在(因为这两个变量共用数据库的 SIZESN 字段,所以同时存在会互相覆盖这个字段值)。

(4)如果包含$SizeSn$、$ParaSn$,则用户修改安装尺寸后,DSM 将自动重新计算。

(5)用户可以在基座的"属性"对话框中人工修改 DSM,但之后如果修改安装尺寸,DSM 将自动重新命名。

如果在 Proj.ini 的[Elec]节下没有设置 MPedDsm 键和 SPedDsm 键,则命名规则取缺省值:MPedDsm=$Ds$$Area$_$Sn$、SPedDsm=$Jmc$_$SizeSn$_$Sn$。

9.2 根据设备布置基座

9.2.1 功能介绍

根据设备上的"设备底盘连接点",列出所有可用基座类型供用户选择布置。

9.2.2 操作步骤

(1)选择根据设备布置基座按钮,弹出“布置基座”对话框;

(2)在视区中选择一个设备,程序自动搜索匹配基座;

(3)选择搜索结果中的一个基座,填写必要参数,按“布置基座”按钮完成布置。

9.2.3 注意事项

(1)搜索基座只会在 ELEC_PART 表中指定的基座类型中进行;

(2)如果没有搜索到任何匹配基座或预料中的基座类型没有出现在列表中,通常是设备部件中的“设备底盘连接点”参数设置不正确,例如螺栓尺寸、长度未指定。

9.3 基座布置概述

9.3.1 功能介绍

以交互方式确定基座坐标,将指定型号的基座布置到当前模型库。

如果基座连接点恰好落在设备连接点上,则基座与设备会自动建立连接关系,并自动调整基座方向,与设备配合。如果基座连接点所在坐标处已存在另一非设备连接点(比如基座或通道等),则不允许布置在此处。

9.3.2 操作步骤

(1)选择基座布置按钮,列出所有基座类型:

(2)选择需要的基座部件代号;

(3)进入视区,指定布置位置,基座即布置到当前模型中,布置方向使用缺省布置方向设置.

9.4 基座属性修改

9.4.1 功能介绍

显示、修改选中基座名称、舱室、坐标等属性。

微调基座位置是最常用的用途,如果基座上带有设备,那么基座位置改变后,设备位置也会跟随改变,基座和设备的连接关系保持不变。

9.4.2 操作步骤

(1)选择基座修改按钮;

(2)在视区中,选择一个基座模型,弹出“基座属性”对话框;

(3)在对话框中用鼠标双击相应条目,出现编辑框,修改相应参数,编辑结束后修改生效,图形实时更新。

有些属性条目不允许修改，比如“区域”，鼠标双击相应条目不会出现编辑框（区域的修改是通过修改舱室而确定的）。

有些属性条目虽然允许修改，但如果输入错误，则修改无效，仍然恢复修改前的状态，比如“基座编号”，如果输入的基座名称与当前模型库中的其他基座重名，则输入无效。

9.5　参数化基座修改

9.5.1　功能介绍

对参数化基座进行参数调整，非参数化基座不会被处理。通过更改基座参数，更改基座模型尺寸。

9.5.2　操作步骤

（1）选择参数化基座修改按钮；

（2）在视区中，选择一个基座模型，弹出“输入参数”对话框；

（3）在对话框中修改相应参数，按“确定”按钮关闭对话框，修改生效。

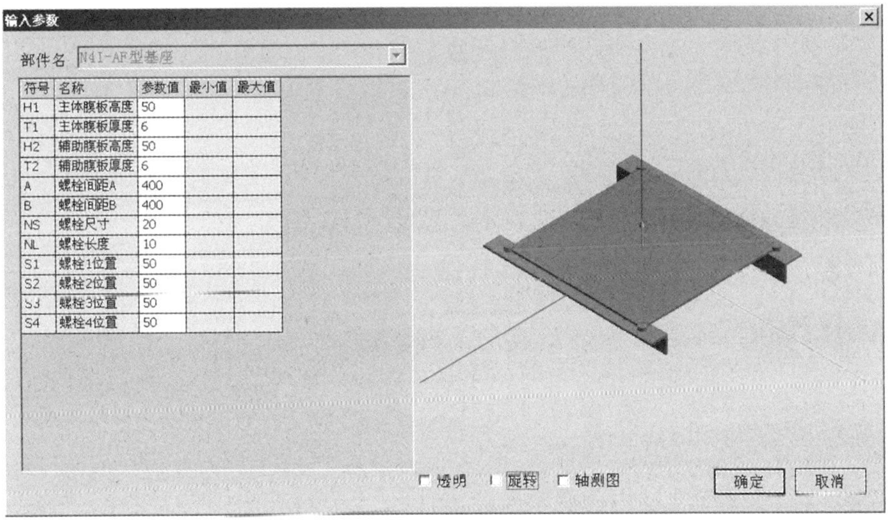

图9.1　参数化基座输入参数

9.6　基座移动和旋转

9.6.1　功能介绍

修改已布置基座的位置和方向。移动和旋转方式与设备移动和旋转完全相同，包括平移、旋转、四点定位三种方式。

9.6.2 操作步骤

选择基座移动和旋转按钮，参见“设备移动和旋转”。

9.7 检查设备——基座连接关系

9.7.1 功能介绍

显示当前模型库中已连接设备的基座列表和未连接设备的基座列表。

9.7.2 操作步骤

选择检查设备——基座连接关系按钮ck，即显示当前模型库中已连接设备的基座列表和未连接设备的基座列表。如图 9.2 所示。

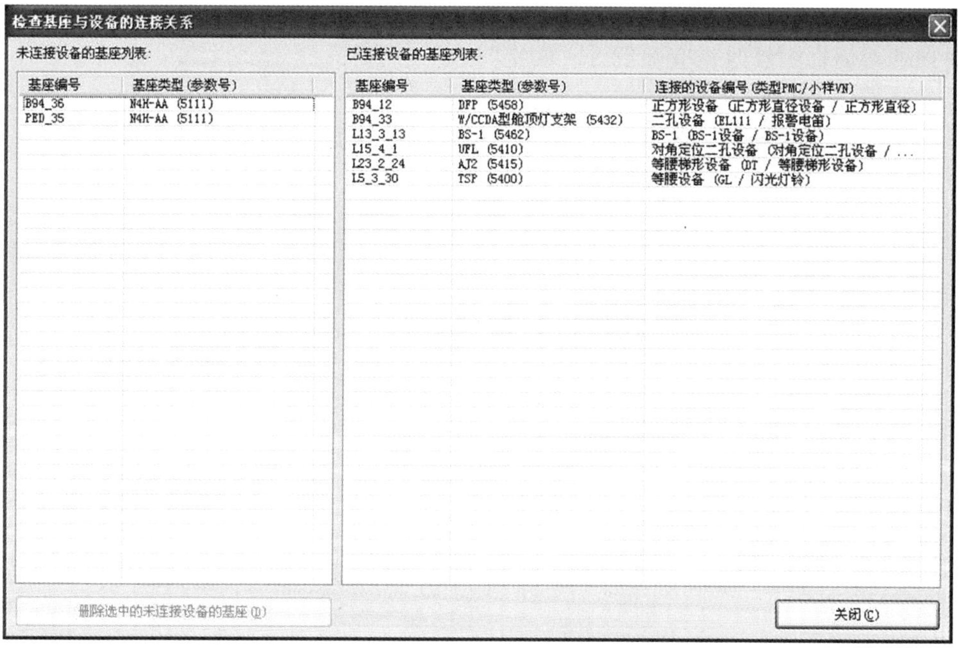

图 9.2 检查设备——基座连接关系

第 10 章　通 道 布 置

电缆通道可以用来作为与其他专业协调的参考,与电缆导架、电缆贯穿件有着密切的关系,而且还可以作为电缆布置的基础。

在主工具条上选择“电缆通道布置”按钮,就会出现电缆通道布置工具条。

在绘制通道的过程中,如果引用船体、管子等外专业已有的模型作为背景,可以更加准确地进行通道绘制。

通道以底部中心线为基线,电缆导架、贯穿件及电缆都以该基线为基准。在绘制水平方向的通道时,基线一般默认为在下面,在绘制垂直方向的通道时,基线位置不确定,通过“翻转通道”的操作来调整通道的角度。

在通道绘制的过程中,通道的首部和尾部不能相连。

通道处理工具条包括以下按钮:

①绘制通道;

②翻转通道;

③单点修改;

④分割通道;

⑤合并通道;

⑥复制移动;

⑦修改通道属性;

⑧检查通道数据;

⑨删除通道;

⑩通道节点;

⑪查看设备中的电缆;

⑫提交本区域模型数据。

10.1　绘 制 通 道

在通道布置工具条中选择“绘制通道”按钮后,就会出现“通道属性数据”对话框。

通道宽度、通道高度:计算电缆的面积占比,同时决定布置在该通道上的导架宽度。

导架偏移:消除导架的电缆支撑面至导架下口端部之间的距离(即导架连接点离开通道基线的偏移量),这个偏移量只用于吊式导架,对于 W 型吊式导架通常为 10,对于非 W 型吊式导架通常为 30,对于壁式导架通常为 0。通道实际高度为“通道高度”+“导架偏移”。

通道类别:分为主干、次干、支线、连接通道。连接通道上不能布置导架。

允许比率:设置通道内允许电缆所占的面积百分比,当通道内的电缆接近或超过该比率值时,通道会显示不同的颜色以警告用户。

电缆类别:在以后的电缆布置中,某一种类别的电缆只允许在允许该电缆类别的通道中布置,通道的允许电缆类别可以多选。

通道属性设置好后，再交互输入通道各轨迹点（三维坐标点），形成通道路径，通道就一段段画出来了。

绘制通道时，如果甲板有梁拱、中昂，要用坐标输入的方式来绘制通道；如果是平甲板，可以用锁定 X、Y、Z 方向来绘制。

在通道绘制时应考虑贯穿件的布置，具体操作方法是在需要布置贯穿件的地方建立一个轨迹点或断开，以方便贯穿件布置。

10.2 翻转通道

通道以长方体的方式显示，通道的基线位于通道底部中心，是绘制通道时的路径，本功能可以实现让通道围绕基线旋转，对于放置壁式导架的垂直通道，经常要使用本功能将通道翻转，如图 10.1 所示。

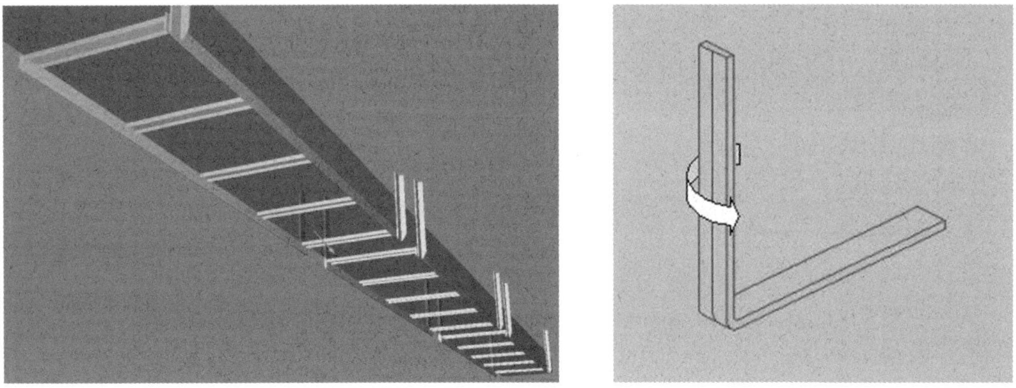

图 10.1　通道翻转

10.3 单点修改

单点修改指可以修改通道上任意一点的位置。

输入或者从屏幕上选择通道基线上的点，如果该点处有两个或两个以上通道，可以通过鼠标右键进行切换选择，然后给出需要移动到的位置。

如果通道上有导架或者贯穿件，将同步移动导架和贯穿件。

10.4 分割通道

分割通道可以将一条通道分割成两条通道，以便独立修改每条通道的长度、宽度、层数等属性。

输入三维坐标或者从屏幕上点取通道的分割位置点，如果通道在该位置处没有分断，则原通道在该点分割成两个通道。

10.5　合 并 通 道

合并通道可以将两条通道合并为一条通道，与分割通道的作用正好相反。选择一点（该点所在处至少要有两条通道），弹出对话框，列出两条通道的不同之处，选择后确定即可；如果鼠标选择的位置处有三条及三条以上的通道时，需要用户选择合并其中的两条，然后弹出对话框如图 10.2 所示。

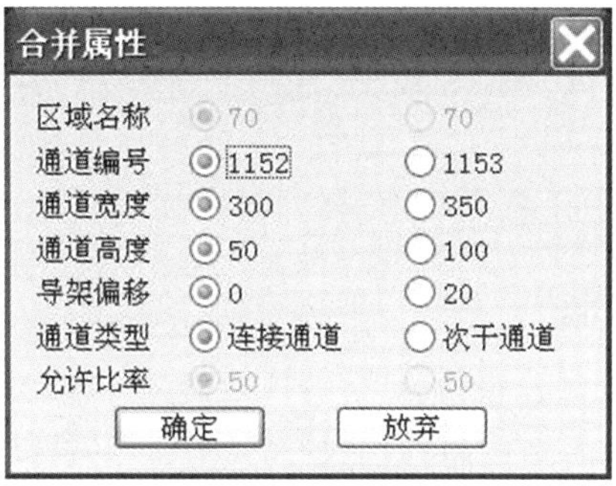

图 10.2　合并通道

确定合并后通道的属性，然后点击“确定”按钮进行修改。

10.6　修改通道属性

修改通道属性指移动、复制、旋转、镜像等操作。

10.6.1　移动通道

移动通道可以将一个或多个被选择的通道进行移动，如果通道上布置有导架，则提示用户连带移动或不连带移动导架。

10.6.2　复制通道

移动通道可以将一个或多个被选择的通道进行复制，如果通道上布置有导架，则提示用户连带复制或不连带复制导架。

10.6.3　旋转通道

旋转通道可以将选择范围内的通道沿指定的旋转轴进行整体旋转，并且自动与不参加旋转的相连模型断开连接关系。

在工具条中按旋转通道按钮，则显示提示信息“选择要旋转的通道”，进入选择通道操作。通道选择结束后，根据选择的情况，会依次显示提示信息“请输入旋转点”“请输入旋转轴方向”“请输入旋转开始方向或者旋转角度”“请输入旋转结束方向”，请求输入旋转轴和旋转角度，请根据具体的提示输入相应的点或者数值。如果在后面的输入中想更改前面已经输入的内容（如在输入旋转角度时想更改旋转轴），则可以输入 U 进行回退，一直可以回退到输入旋转点的操作。如果输入的内容出错,则会显示出错信息“方向不能为 0 向量!”或者“旋转开始方向不能与旋转轴方向平行!”或者“旋转结束方向不能与旋转轴方向平行!”或者“旋转角度不能为 0!”,然后继续相应的输入操作。输入完毕后进行旋转处理,然后继续选择通道,直到不选择通道为止。

10.6.4　镜像通道

镜像通道是以船中部为镜像面进行通道的镜像复制,复制成功后,在船体另外一侧得到与其对称的通道。

10.7　修改通道及相关属性

可以对已经绘制好的通道任意修改通道的属性。

10.7.1　修改通道属性

选择一条或多条通道,鼠标右键完成选择。当只有一条通道被选择时,在对话框中列出该通道的所有属性,直接修改通道属性后,鼠标左键点击确定,如图 10.3(a)所示。

当多条通道被选择时,如果区域代号、宽度、高度、类型、比率为空的话,则表示选择的这些通道对应得区域代号、宽度、高度、类型、比率是不同的,如果相同的话则会显示。允许电缆类别是三态按钮,如果这些通道都具有相同的电缆类别,则复选框中打钩是正常状态,如果这些通道中部分具有相同属性,则复选框中的打钩符号是灰色,如果都没有,则不打钩,如图 10.3(b)所示。

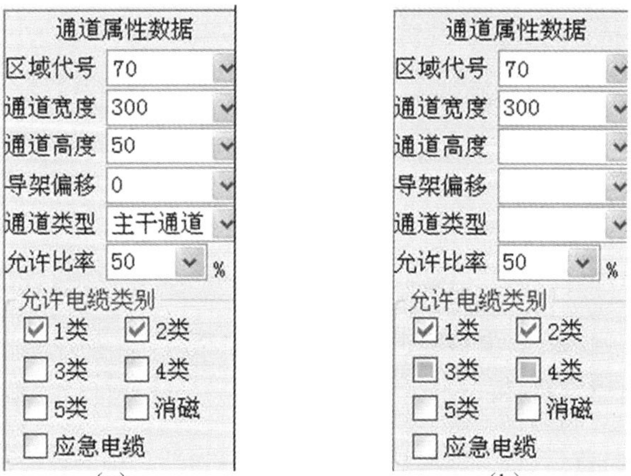

(a)　　　　(b)

图 10.3　修改通道属性

10.7.2　修改通道半径

选择一条通道,并选择这条通道上的拐弯点。用户在交互界面上可查看原半径值,也可输入新半径值。

在交互界面中,点击保存按钮即可完成修改。

10.7.3　通道显示与隐藏

可以根据通道类别和允许电缆类别对通道进行显示和隐藏,选择需要显示或隐藏的电缆类别、允许电缆类别,然后点击“根据选择显示通道”,将显示所有满足要求的电缆通道,并隐藏不满足要求的电缆通道。

点击“显示所有”“隐藏所有”可以对所有的电缆通道进行显示和隐藏。

10.7.4　删除通道轨迹点

通道的基线是由一系列三维坐标点组成的线段,在绘制通道的时候,每输入一个坐标,通道就增加一个轨迹点,对于不再需要的轨迹点,可以通过本功能进行删除。

在通道布置工具条中选择“删除通道轨迹点”按钮后,选择一条通道,该通道上的所有轨迹点都会高亮显示,然后选择其中的一个点,自动删除该点,同时带动导架、贯穿件一起移动。

10.7.5　连接两条通道

如果两条通道没连通,可以通过该功能自动新建一条通道,以最短距离(不一定是两条通道的端部)来连通这两条通道。

10.8　检查通道

可以对模型中通道和通道之间的连接关系、通道和节点的序号重复、通道端部连接关系等进行检查。

点击该功能按钮,下面将弹出下一层菜单。

10.8.1　显示通道之间的连接关系

选择一条通道(洋红),按指定的允许电缆类别,高亮显示(黄色)与该通道连通的通道。如果勾选“相邻通道”,则只高亮显示直接连通的通道,否则高亮显示所有直接或间接连通的通道。

10.8.2　检查通道、节点等模型数据

如果通道号或节点序号有重号,可以点击“自动纠正”让系统自动纠正。

节点代号无法自动修正(甲板简称 1+肋位号 3+左/右舷 1+序号 2,共 7 个字节),根据提示由人工修改。

10.8.3　检查通道首尾连接情况

这功能是检查通道的两端是否和其他通道相接。对话框中列出首端或尾端没有连通的通道(只要有一端没接就将其显示),用户可以定位通道端头,将端头和其他通道连通或修改(放弃连接)。

一个模型文件中只有全部通道都通过首尾连接检查后,才能提交给布置电缆的模型文件。

10.8.4 检查通道端部偏差

检查通道之间首/尾距离小于指定值的通道，提示用户修正可能存在的错误。

10.9 通道节点

在通道上可以放置节点，通过节点控制电缆的走向，同时在电缆表册中通过一组通道节点号来表示电缆的路径。

通道节点有自动节点号和人工节点号，其中自动节点号编码规则如下：

(1)穿过甲板的节点方法为 XXXXPX，其中第一位是甲板代号，第二、三、四位是肋位号，第五位是舷号(P 左、S 右、M 中)，第六位是序号。

(2)穿过隔舱的节点编号方法为 WXXXXPX，第一位 W 表示隔舱壁，第二位是甲板代号，第三、四、五位是肋位号，第六位是舷号(P 左、S 右、M 中)，第七位是序号。

人工节点号可以让设计人员自己编写一个全船唯一的名称，在以后的电缆表册编辑中更加清楚、直观。

10.9.1 添加节点

选择“添加节点”按钮，使用鼠标在通道上拾取一点，则在该位置创建一个节点，并根据坐标位置自动生成节点代号。

节点不能创建在通道端部、两个通道相交处以及已经布置了导架、贯穿件的地方。

10.9.2 移动节点

选择“移动节点”按钮，进入图形选择操作。选择需要修改的节点，如果锁定通道方向，则可以在通道上任意移动，但不脱离该通道，如果不锁定通道方向，则可以将该节点移到任意通道上面。

如果节点代号是自动代号，则移动后节点代号自动重新生成，如果是人工代号，则该代号保持不变。

10.9.3 修改节点代号

选择“修改节点”按钮，进入图形选择操作。选择需要修改的节点，并在对话框中按下“修改”按钮，修改相应的属性，然后按下“保存”按钮保存，点击鼠标右键放弃修改。

可以修改的内容有以下几点。

节点代号：如果修改过将变成人工代号；

输出到表册：如果选中的话，可以控制将来该节点是否输出到电缆施工表册中；

舱室名称：用于电缆预估。

10.9.4 删除节点

选择“删除节点”按钮，进入图形选择操作。选择图形后，如果选择的图形中没有节点图形，则显示信息“没有可以删除的模型！”后继续选择图形操作；否则显示信息“请按拾取键删除，按回车键放弃”请求确认，按拾取键(即鼠标左键)则删除选择的全部节点。

10.10　提交本区域模型数据

将当前区域中的通道、设备和节点数据提交到“工程目录\DATA\工程_E.MDD”，布置电缆的模型文件将从该工程库中获取涉及区域的通道、设备和节点等数据。

提交的时候系统将自动检查所提交的区域中的模型数据内容，如果数据有错误或者数据不满足电缆布置要求，系统会提示并将错误信息输出到“工程目录\Output\M\区域”下的文本文件。

第 11 章　贯穿件布置

主要完成贯穿件的布置、移动、拷贝，修改参数化贯穿件尺寸，旋转、与通道节点建立关系、与通道建立关系等功能。

工具条按钮从左至右依次为：

①放置贯穿件；

②移动贯穿件；

③拷贝贯穿件；

④旋转贯穿件；

⑤替换贯穿件；

⑥修改贯穿件参数；

⑦删除贯穿件；

⑧更新贯穿件。

11.1　概　　述

SPD 的贯穿件分为实体部件、参数化部件、参数标准化部件（有简易规格）三种形式（名称后面带“ * * ”表示参数化）。参见“3.7 贯穿件标准管理”。

参数标准化部件的贯穿件在部件定义时不设置简易规格，模型布置时不允许修改尺寸，部件名称通常附加内径的长度和宽度，如 DC15X20；

参数化部件的贯穿件在部件定义时设置简易规格，模型布置时允许修改尺寸，部件名称不附加尺寸值，如 DC。

11.2　放置贯穿件

首先选择贯穿件类型，该类型数据在舾装标准管理中对贯穿件进行定义。根据选择的贯穿件类型不同，部件代号下拉框中会自动更新该类型下面的所有贯穿件部件代号。

其次根据通道大小，或者实际要求，选择相应的贯穿件部件，如果是标准的尺寸，最好选择标准贯穿件，对于非标准贯穿件，只能选择参数化贯穿件，即部件代号中带有“ * ”标记的贯穿件。

然后选择贯穿板架类型，有六种类型可以选择，分别是：横梁、纵桁、水密甲板、水密隔舱、非水密甲板、非水密隔舱。

对于放置在通道上的贯穿件，则会自动生成相应的通道节点、节点号（由程序内部使用和控制的序号）和节点代号（用于标注和表册），节点与贯穿件通过节点号建立联系；如果在插入点处有节点，则将该节点与贯穿件建立关系。

对于没有放置在通道上的贯穿件，则不会生成节点。

当完成上述信息的填写后，即可在模型空间选择插入点。该点与贯穿件部件中的“电缆导架连接点”相重合。

选择点后，如果所选择的点不在通道上，则贯穿件的放置按照其原始状态放置，如果所选择的点在通道上，则贯穿件的“电缆导架连接点”与所点取的通道相关，在生成相应节点信息的前提下，根据贯穿件的“电缆导架连接点”方向，自动转向与通道方向保持一致。

提示“节点 0 处的电缆贯穿件”表示该贯穿件没有放置在通道上；“节点 79 处的电缆贯穿件”表示该贯穿件放置在电缆通道上，而且产生的节点号为 79（贯穿件与通道建立关系时，自动在通道上建立与之相关的贯穿件节点）。

11.3 移动贯穿件

对于放置好的贯穿件，在与其他专业协调的过程中，经常需要修改贯穿件的位置，用户可以通过该功能来实现调整贯穿件位置。

首先选择需要调整位置的贯穿件、贯穿件板架等信息，选中后对话框可以显示该贯穿件的部件代号。

其中“锁定方向”复选框默认的缺省状态是选中，表示现贯穿件只能沿着通道方向移动，输入偏移量或者通过在屏幕上点击实现将贯穿件移动到位，但是贯穿件始终在通道上。如果需要将贯穿件移出原通道到没有通道的地方，或者另一条通道上，则需要将“锁定方向”前的打勾状态去除，这时可以将贯穿件移到任意地方。

11.4 拷贝贯穿件

拷贝操作用于再创建多个相同的贯穿件。

点击“拷贝贯穿件”按钮，提示框中提示：“选择贯通件进行拷贝：”，在模型空间中选取要拷贝的贯穿件后，界面显示如图 11.1 所示。

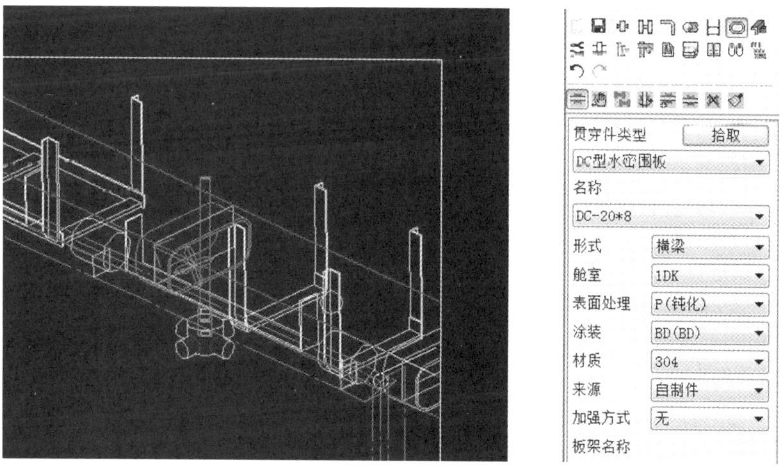

图 11.1 拷贝贯穿件

选择的贯穿板架类型，与放置贯穿件时选择贯穿板架相同，有六种类型可以选择。“锁定方向”复选框默认是选中状态，含义与移动贯穿件中的“锁定方向”相同，如果是锁定方向,则拷贝贯穿件是顺着通道方向,可以直接输入偏移量将贯穿件定位到新的位置,或者在屏幕上交互地给出一个新坐标。

“加强方式”:如果选择船体加强,则在提交开孔时给船体的开孔尺寸为该贯穿件的内径。

11.5 旋转贯穿件

点击“旋转贯穿件”按钮,则弹出贯穿件旋转工具条。工具条显示三种旋转方式按钮,从左至右分别为:“二点旋转”“角度旋转”“翻转”。

11.5.1 二点旋转

点击“二点旋转”按钮,然后选择要旋转的贯穿件,模型空间中显示出所选择的贯穿件及旋转轴。

如果该贯穿件不在通道上,则旋转轴有四个,通过点击鼠标右键依次切换,切换次序为贯穿件的“电缆导架连接点”及其方向坐标系依 w、u、v 方向改变,第四次为用户指定方向,用户通过再指定一个相对点来确定自定义旋转轴。

如果该贯穿件在通道上(即与通道有连接关系),则旋转轴只能是贯穿件“电缆导架连接点”的 w 方向(即通道方向)。如果此时点击鼠标右键,则退出操作。

在完成旋转轴的指定后,按提示依次选取旋转起点、旋转终点后,贯穿件按照所选择的起点和终点绕旋转轴旋转,完成二点旋转操作。

11.5.2 角度旋转

“角度旋转”与“二点旋转”类似,区别是确定完成旋转轴后,要求输入旋转角度值,而不是起点和终点。

11.5.3 翻转

点击“翻转”按钮后,选择要进行翻转的贯穿件,完成一次翻转操作。一次翻转表示:贯穿件绕“电缆导架连接点”u 轴方向进行一次 180°旋转。

11.6 替换贯穿件

点击“替换贯穿件”按钮后,选择要进行被替换的贯穿件,然后选择新的贯穿件类型和名称,同时可以设置新贯穿件的形式、舱室、表面处理、涂装、材质、来源等属性,然后点击“保存”按钮替换原来的贯穿件。

11.7 修改贯穿件

“修改贯穿件”可以用来更改贯穿件的类型和规格。

从电缆贯穿件布置工具条中按“修改贯穿件”按钮,则显示提示“选择要修改的电缆贯穿件”,进入图形选择一个贯穿件,右边将显示所选择贯穿件的类型和名称,然后再选择新的贯穿件类型、贯穿件名称，点击“替换”完成操作。

11.8　修改参数化贯穿件

“修改参数化贯穿件”可以用来修改参数化贯穿件的参数值。

从电缆贯穿件布置工具条中按“修改参数化贯穿件”按钮，则显示提示“选择要修改的电缆贯穿件”，进入图形选择操作。选择在部件标准管理中贯穿件规格一栏有内容的参数化贯穿件，将弹出参数修改对话框，修改相应参数后保存。

11.9　删除贯穿件

点击“删除贯穿件”按钮，再进入图形选择操作。选择图形后，如果选择的图形中没有贯穿件图形，则显示出错信息“没有可以删除的模型！”后继续选择图形操作；否则显示提示信息“请按拾取键删除，按回车键放弃”请求确认，按拾取键（即鼠标左键）则删除选择的贯穿件。

第 12 章　导架布置

12.1　概　　述

主要实现导架的布置,并且对已布置的导架进行修改,如移动、拷贝、旋转等操作,同时建立导架与通道之间的连接关系。

自动导架:根据所选择的通道及板架,以及所选择的导架形式,完成对导架的自动布置。根据所选导架参数自动生成系列导架,并将它们按照通道的方向安装到合适的位置。

手动导架:可布置单个导架,布置的导架可以不依赖于通道进行布置,如果布置的导架点的选取与通道及板架相关,则根据所选导架参数自动生成导架,并将其按照通道的方向安装到合适的位置。

修改导架:包括吊脚偏角、吊脚高度、移动、放置、更新标准参数化导架部件、删除及检查导架与通道间关系的功能。

导架处理工具条如图 12.1 所示。

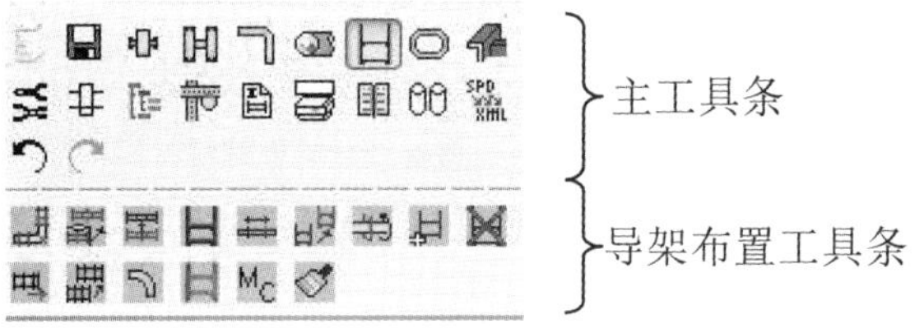

图 12.1　导架处理工具条

电缆导架处理工具条,包括以下按钮:

①不可变长度导架;
②根据坐标点布置导架;
③根据偏移量布置导架;
④修改导架属性;
⑤移动导架;
⑥复制导架;
⑦旋转导架;
⑧替换导架;
⑨删除导架;
⑩可变长度导架;
⑪根据坐标点布置可变长度导架;
⑫分离式导架脚;
⑬布置特殊导架;
⑭物资代码;
⑮更新导架。

12.2 不可变长度导架

这种方式就是自动布置导架。

第一步：点击“不可变长度导架”按钮，系统首先提示要求“请选择要布置导架的电缆通道或要修改的导架”，如果希望导架的脚自动延伸到板架上，则点击“选择板架”按钮，并在图面选择相应的板架，如果希望脚长是固定的，则在“缺省脚高”一栏中输入一个数值，布置的导架都采用该值，如果不选板架，也不输入“缺省脚高”，则取参数化导架本身自带的缺省脚长（在导架的部件定义中设定）。

选择板架（或不做任何选择）后，回车确认，系统提示，如图 12.2 所示。

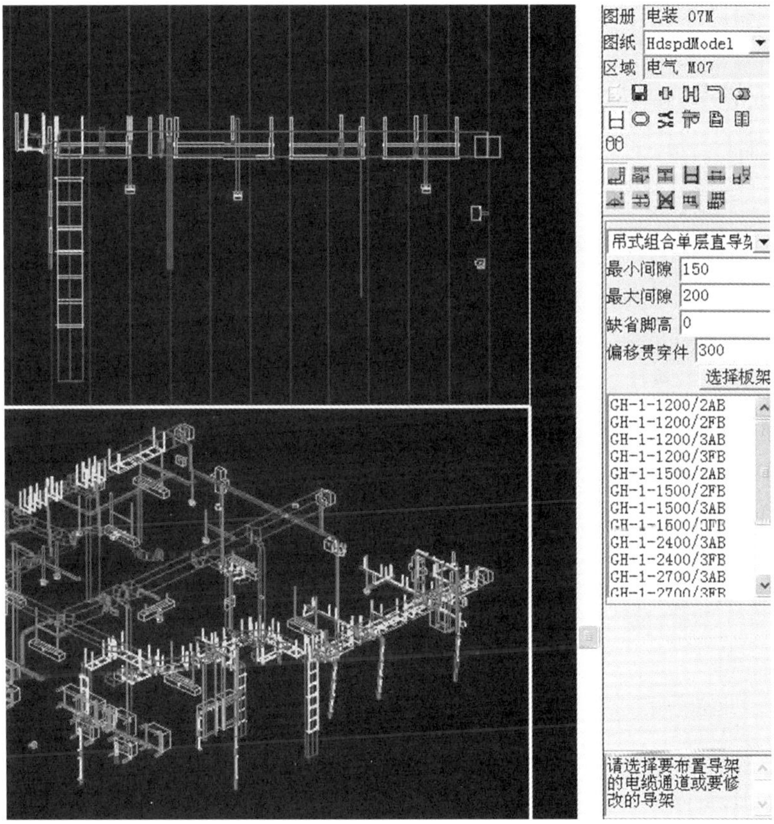

图 12.2 自动布置导架

第二步：在这一状态下，根据停靠栏中各项，填写当自动布置导架时或修改导架时需要修改的各项。

类别：单层导板架、单层组合直导板架、单层组合弯导板架、双层导板架、双层组合直导板架、双层组合弯导板架、三层导板架、三层组合直导板架、三层组合弯导板架、单个紧钩、组合紧钩、绑带弯件、铝质弯件。

最小间隙、最大间隙：表示自动布置导架时导架与导架之间的间隙的最小值与最大值。

缺省脚高：如果填写该值，则生成的导架的脚长都是这个数值。

偏移贯穿件：导架与贯穿件之间的最小距离，一般是300~400。

选择板架：点取该按钮，可以重新选择要安装导架的板架。

导架部件列表框：如果选择导架部件，则在安装自动导架部件时，会使用所选择的导架部件进行安装；如果不选择导架部件，则在安装自动导架部件时，会使用列表框最适合的部件进行安装。

第三步：对话框中的数据填写完整后，根据提示“请选择要布置导架的电缆通道或要修改的导架”，可以选择电缆通道，也可以选择导架。选择电缆通道时，自动依据停靠栏中的选择的导架部件按照所选择的通道及板架进行导架布置；选择导架时，可以对所选择的导架进行修改。

12.3　根据坐标点布置导架

这种方式就是手动布置导架，将导架的“电缆导架连接点”设为用户指定的坐标点，导架连接点通常设在导架的中心。

第一步：点击“根据坐标点布置导架”按钮，系统显示如图12.3所示，选择板架与缺省脚高的含义，与上一节“不可变长度导架”一样。

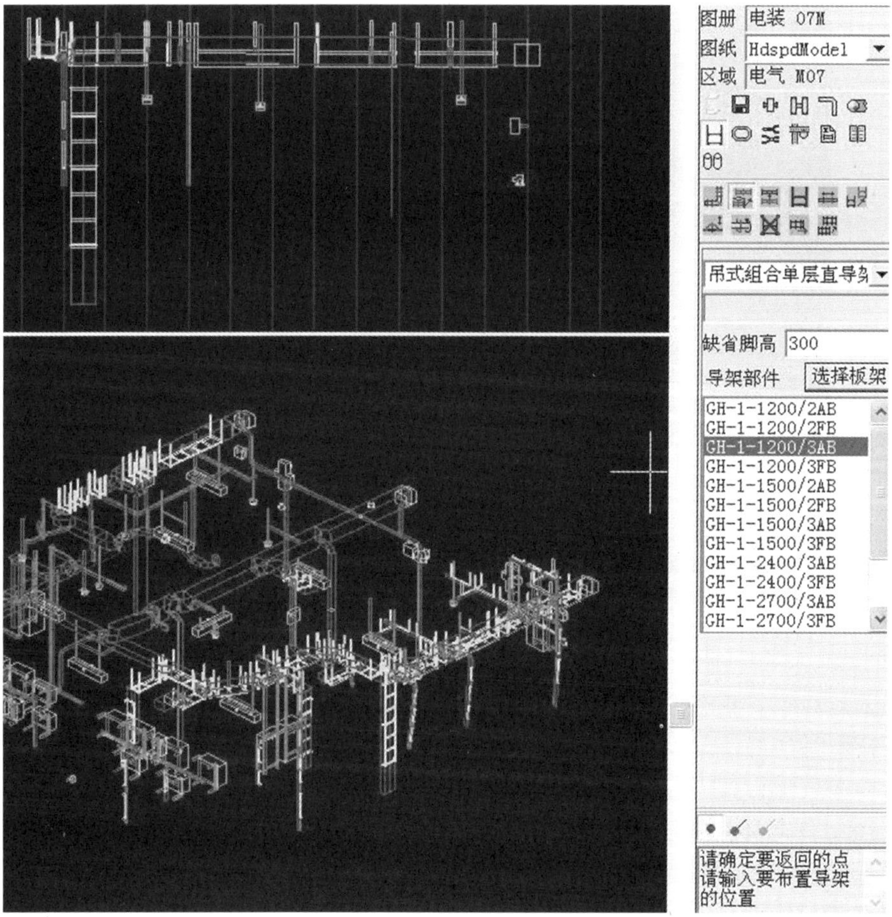

图12.3　手动布置导架

第二步：手动布置的导架可以在通道上，也可以不在通道上。

在通道上：

选择要布置的导架，再在图面上点取通道上一点，确定后，按照通道参数及板架位置自动生成所需的导架，导架自动布置在通道的指定点。

不在通道上：

选择要布置的导架，再在图面上点取一点，确定后，因为没有通道，所以无法自动确定导架宽度，所以弹出通道宽度对话框，填写并确定后，导架自动布置在指定点。

12.4　根据偏移量布置导架

该功能根据间隔距离来布置新导架，而不是根据坐标点布置新导架。

第一步：点击“根据偏移量布置导架”按钮，弹出对话框后和“根据坐标点布置”一样，可以输入相应的“缺省脚高”和“选择板架”，选择一种导架类型。

第二步：选择参考导架，新导架会相对这个导架偏移一定距离，选择好之后会出现一个箭头，表示将要布置的导架的方向，这时要求输入偏移量，如果是正，则顺这个箭头方向，如果是负，则与这个箭头方向相反。

12.5　修改导架属性

1. 修改吊脚偏角

第一步：点击“修改导架属性”按钮，再选择导架，回车确定。

第二步：按照第一步选择板架的顺序系统依次提示请输入偏角角度或者偏角方向。用户依次确定要偏角角度或者偏角方向后，导架吊脚自动偏转指定角度或指定方向。

注：输入角度时由用户在命令行输入。输入方向时可在模型空间指定相对于基点的方向。

2. 修改吊脚高度

有两种修改方法：单个吊脚修改；多个吊脚修改。

(1) 单个吊脚修改

第一步：点击“修改导架属性”按钮，系统提示：“请输入要修改长度的吊脚或导架位置”。选取导架上要修改的吊脚的端点。

第二步：接着系统提示“请输入到新吊脚面的偏移量”。

在此时，可以有两种输入方式：点输入；数字输入。

第一种：点输入时。可相对于模型图中所示的基点及方向所组成的直线，输入另一点，所在吊脚基点延伸到输入点在直线上的垂点位置。

第二种：数字输入时。可相对于模型图中所示的基点及方向所组成的直线，输入数值，所在吊脚基点沿直线及直线方向延伸所输入的数值大小。

注意：单个吊脚修改时，输入的数值为脚高的相对值。

(2) 多个吊脚修改

第一步：点击“修改导架属性”按钮，系统提示：“请输入要修改长度的吊脚或导架位置”。选取导架的位置。

第二步:接着系统提示“请输入到新吊脚面的偏移量”。

在此时,导架所有吊脚根据输入的偏移量整体伸缩。各个吊脚伸缩的长短根据输入的偏移量及其方向来决定。在该状态下,如果输入另一点,则该点相对于导架位置点所组成的方向向量决定了相关板架面的位置和方向,从而决定了导架各吊脚所要改变的伸缩量。

注意:单个吊脚修改时,输入的数值为脚高的绝对值。

3. 修改导架宽度

根据提示从界面中选择需要修改的导架,然后输入新的宽度并确定。

4. 参数化导架修改

参数化导架可以修改导架的各个参数。

点击“参数化导架修改”按钮后,从图形上选择一个导架,弹出对话框如图 12.4 所示,可以选择各个参数。

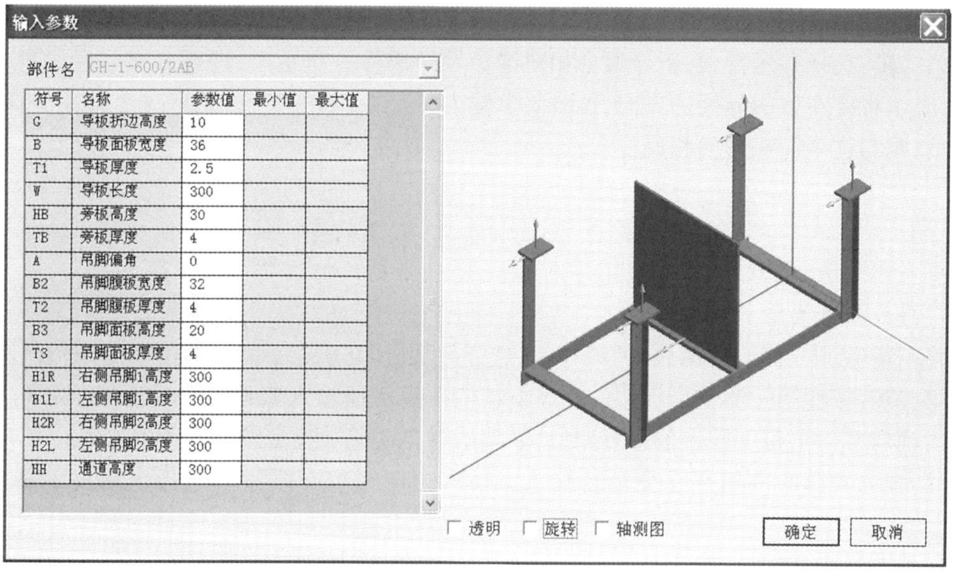

图 12.4　参数化导架修改

12.6　移 动 导 架

点击“移动导架”按钮,系统提示“选择要移动的电缆导架”(图 12.5)。选择需要移动的导架,选择之后导架将高亮显示,同时在对话框中显示选中导架的基本信息。如果是“锁定方向”(沿通道方向),则可以直接输入一个移动距离,或者选择一个点,但是导架的移动不会超出这个通道。如果要将该导架移出该通道,则要去除该状态。

所选择的导架移动到新位置后,导架原来的连接关系自动解除,在新位置处重新建立连接关系。

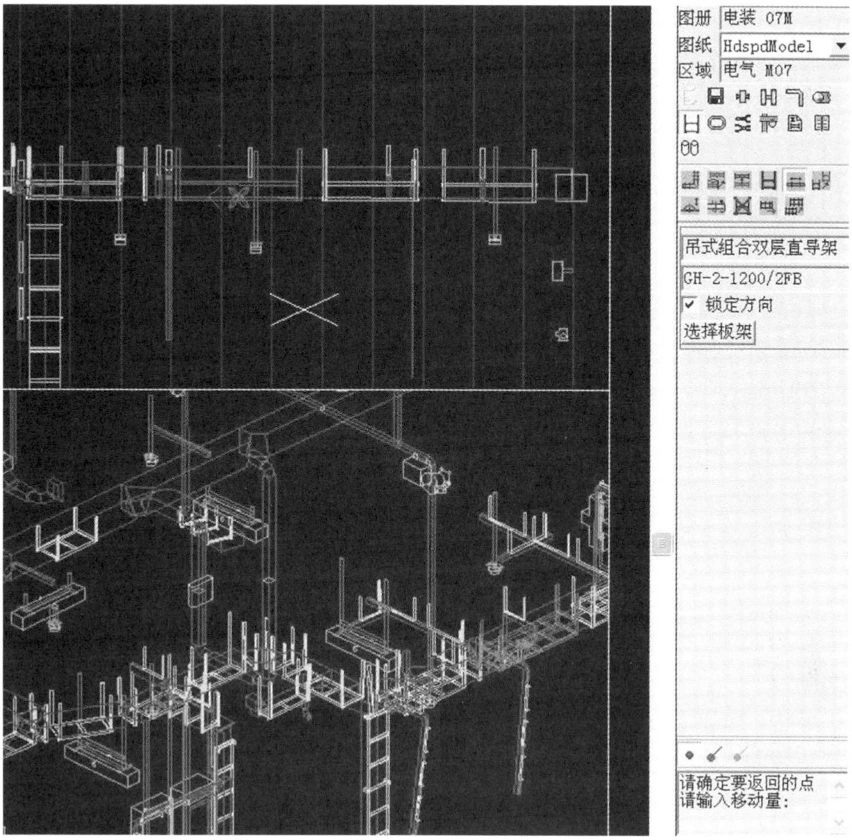

图 12.5　移动导架

12.7　复制导架

复制导架与移动导架的操作方法一样,但是复制导架不会删除原来的导架。

12.8　旋转导架

1. 按通道的方向、导架的侧面和板架来旋转导架

输入旋转角度后,再选要旋转的导架。

2. 导架翻转

导架翻转是翻转导架脚的安装方向,进入该功能根据提示选择导架,就将导架脚的安装方向改变了。

12.9　删除导架

从电缆导架布置工具条中按"删除导架"按钮,则显示提示"选择要删除的电缆导架",进入图形选择操作。选择图形后,如果选择的图形中没有导架图形,则显示出错信息"没有可以删除的模型!"后继续选择图形操作;否则显示提示信息"请按拾取键删除,按回车键放

弃”请求确认，按拾取键（即鼠标左键）则删除选择的全部导架。

12.10 可变长度导架

不可变长度导架的长度在部件标准中确定好，模型布置时不会发生变化；可变长度导架的长度可以根据通道的长度变化。比如对于 5 200 mm 长的通道，选择 600 mm、900 mm 和 1 200 mm 的导架，导架之间间距是 200 mm，则自动布置时，先布置 3 个 1 200 mm 的导架，剩下 1 000 mm 长度，这时 1 200 mm 已经放不下，则尝试 900 mm 长度导架，也不行，再尝试 600 mm 长度导架，布置成功；同样长度通道，如果是通过可变长度导架进行布置，设定缺省长度为 1 200 mm，则布置 3 个后，剩下 1 000 mm 长度，减去 200 mm 间距，最后一段导架长度自动变为 800 mm。

12.11 分离式导架

分离式导架的特点是导板与导架脚分开布置。相对于一体式的导架，优点在于导架脚的调整操作更加便捷、导板与导架脚分开统计的报表更加清晰。

1. 布置导板

分离式导板的布置方式与一体式的导架布置方式完全一致。

2. 定义导架脚

定义导架脚方式如图 12.6 所示。

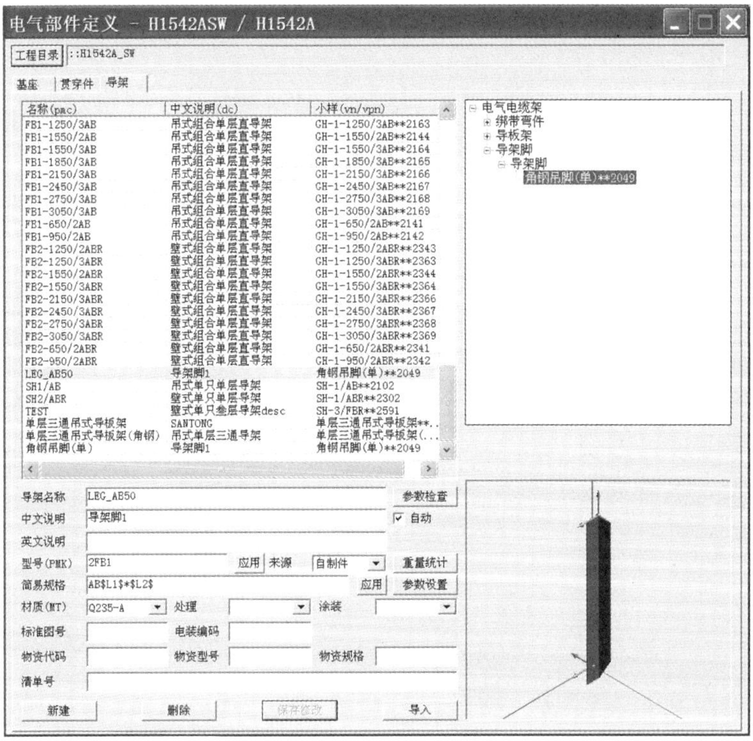

图 12.6　定义导架脚

3. 布置导架脚

点击布置按钮，根据提示文字，框选所需布置导架脚的导板，如图 12.7 所示。

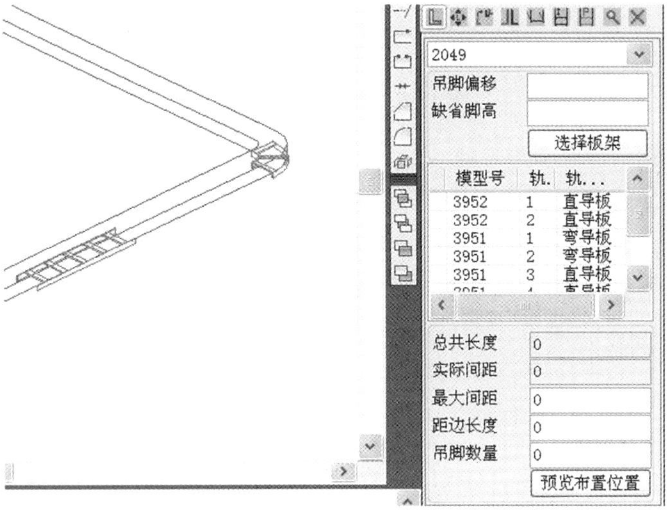

图 12.7　布置导架脚

具体布置方式分为自动布置和手动布置两种。

(1) 自动布置

在所需布置导架脚的轨道上点击右键，选择“自动布置”菜单。

注：可以通过设置“最大间距”“距边长度”，调整布置位置。默认数值从导板的参数中读取。

这样只要在电气部件定义程序(Elecpart. exe)中将导板设置好就可以自动批量布置了。

(2) 手动布置

手动布置允许用户在特定的位置布置导架脚。

4. 移动导架脚

点击“移动导架脚”按钮，选择所需移动的导架脚(图 12.8)。

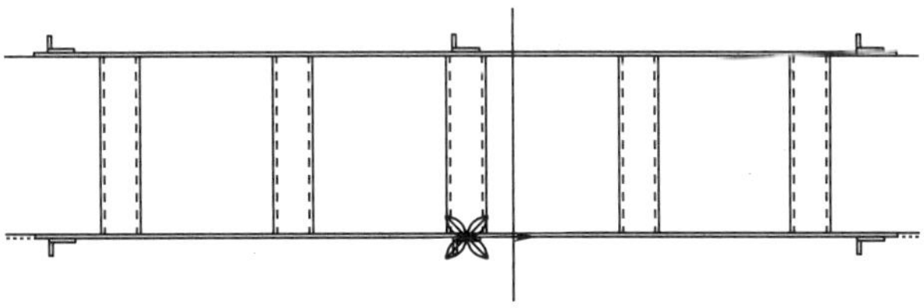

图 12.8　移动的导架脚

输入偏移量后，如图 12.9 所示。

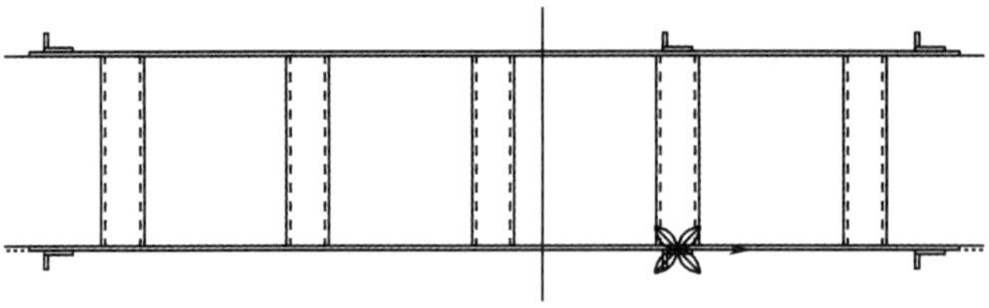

图 12.9　偏移后的导架脚

5. 复制导架脚

点击“复制导架脚”按钮，选择所需复制的导架脚

6. 镜像导架脚

点击“镜像导架脚”按钮，选择所需镜像的导架脚，如图 12. 10(a)所示，按拾取键确定后，结果如图 12. 10(b)所示。

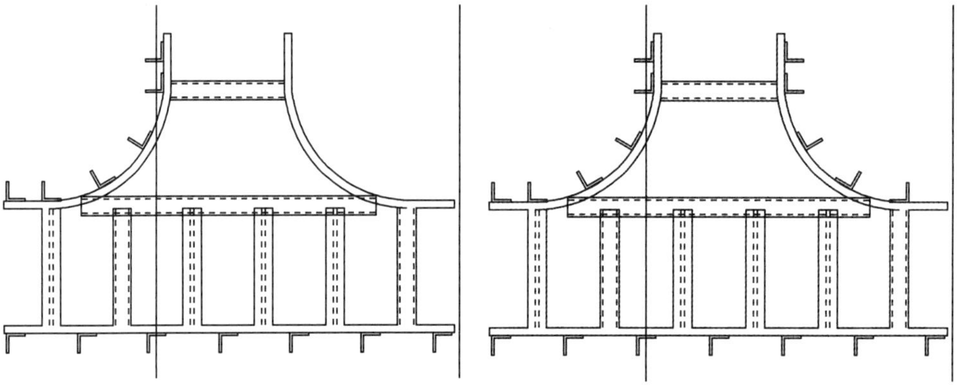

(a)　　　　　　　　　　(b)

图 12.10　镜像导架脚

7. 调整导架脚偏角

点击“调整导架脚偏角”按钮，选择所需调整偏角的导架脚，输入偏角即可。

8. 调整导架脚高度

点击“调整导架脚高度”按钮，选择所需调整高度的导架脚。

9. 修改参数化导架脚

点击“修改参数化导架脚”按钮，点击所需修改的导架脚，在参数化对话框中修改参数即可。

10. 检查导架脚

检查导架脚功能用于检查导架脚重叠的情况。点击“检查导架脚”按钮即可。

11. 删除导架脚

点击“删除导架脚”按钮，选择所需删除的导架脚，即可删除。

12.12　更新导架

根据导架标准管理中的数据，更新模型中已经布置的导架。

根据导架名称进行更新，如果导架名称相同但对应的参数号不同则不更新。

第 13 章　电缆布置

13.1　概　　述

电缆布置是电气设计系统中相对比较重要的一个模块，也是比较复杂的模块，它涉及原理定义、原理修改，各个区域模型数据及模型数据的修改等，通过该模块的功能实现单根或批量布置电缆，得到电缆的长度信息，以及通道中电缆的统计数据，检验通道设计是否满足要求。电缆布置工具条如图 13.1 所示。

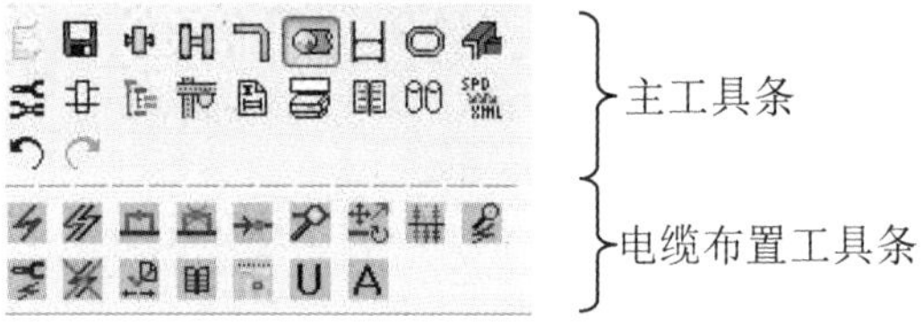

图 13.1　电缆布置工具条

电缆处理工具条，包括以下按钮：

①单根布置电缆；

②批量布置电缆；

③添加必经点到电缆；

④删除电缆中的必经点；

⑤修改停止点；

⑥查看通道中电缆；

⑦修改电缆；

⑧隐藏或显示模型；

⑨电缆查询与统计；

⑩电缆相关检查；

⑪删除电缆；

⑫获取区域模型；

⑬电缆施工表册；

⑭读取表册布置电缆模型；

⑮电缆批量刷新；

⑯按甲板生成视口。

13.2　电缆的单根布置

点击“单根布置电缆”按钮，将显示本工程的所有电缆原理信息。

电缆的标示：空白方框表示电缆没有布置；灰色底的打钩表示已经布置，但当前不显示；白色底的打钩表示已经布置且当前显示。

选择一根电缆后，下面的列表框将列出该电缆的详细信息，如果该电缆的起始设备、终止设备已经布置，则该设备后面会打钩表示，同时在图形上也将高亮显示这两个设备。

所在模型：该电缆所布置的模型文件。

起始设备、终止设备：打钩表示设备已经布置。

经过节点：电缆经过的节点。

双击该电缆后，依次选择经过的必经节点（可以不选择），最后点击右键确认，自动计算一条最近的路线。一般情况下，可以不用选择必经节点，如果通道设计好的话，基本上自动计算得到的路线是能够令人满意的，除非下面情况，比如系统规定好了只能走左舷或右舷，或者某些舱室需要绕开，不能走电缆等有特殊要求的电缆，需要添加一些必经节点。

如果起始设备或终止设备没有布置，则双击电缆后，要求选择（或者输入）起始坐标、终止坐标，（三维坐标点的值可以输入，也可以在屏幕上选择得到，屏幕选择的方式参考《点操作手册》），然后再依次选择经过的必经节点，最后点击右键确认。

13.3　电缆的批量布置

点击“批量布置电缆”按钮后，将显示工程中所有电缆原理信息，同时将弹出待布置电缆对话框，如图13.2所示。

选择电缆时，列表中将显示该电缆的部分信息，如果电缆已经布置，电缆会高亮显示。

选择任意一根电缆后，在下面的列表框中显示该电缆的详细信息，如果该电缆的起始设备、终止设备已经布置，则该设备后面会打钩表示，同时在图形上也将高亮显示这两个设备。

双击没有布置过的电缆，该电缆将加入待布置电缆对话框中（图13.2）。

每一条电缆原理数据都显示电缆编号、起始设备编号和终止设备编号，起始设备编号和终止设备编号后面的数据表示该设备的电缆连接点，如果是“-2”，表示该设备没有定义，即在设备原理中找不到该记录，可能曾经定义过，但又被删除；如果是“-1”，则表示该设备没有布置，或者该设备已经布置，但没有读取到该区域模型；如果是“1”，表示设备找到一个连接点；如果数据大于1，那么数值表示该设备的电缆连接点个数。因此，为了能够正确布置电缆，首先要解决电缆的连接点问题，“-2”表示缺少设备原理，解决的方法是到设备原理中定义该设备原理；“-1”表示设备没有布置，解决的方法是布置该设备或者读取该设备所在的区域模型；如果数据大于1的，点击“起始设备位置”或“终止设备位置”按钮，这时该设备将高亮显示，同时该设备的连接点都将有标记显示，用户可以从屏幕上直接确定一个连接点。

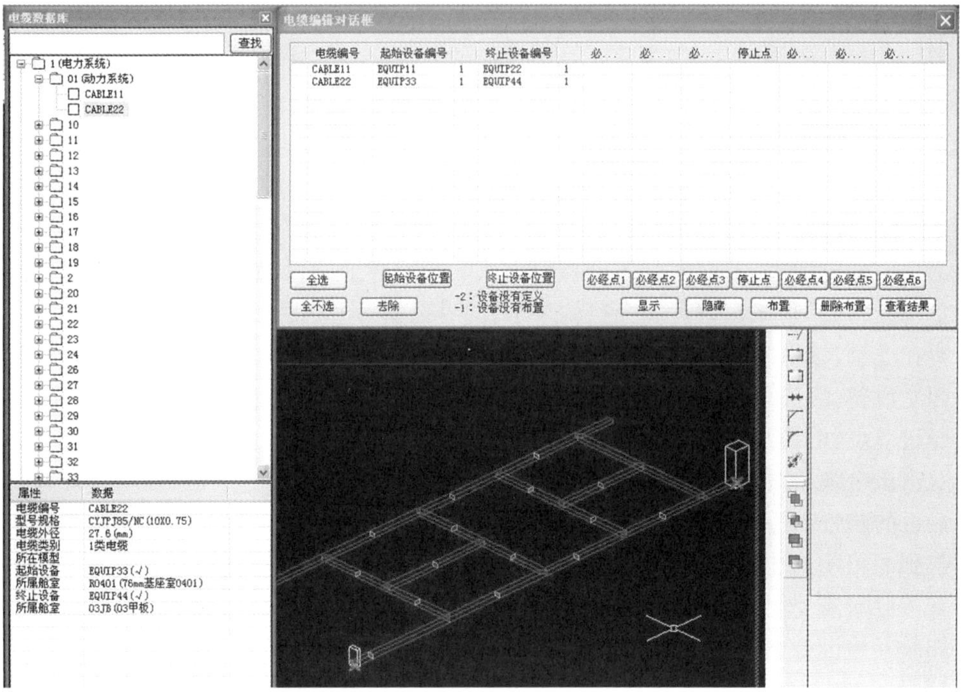

图 13.2　批量布置电缆

确定完电缆连接点后，给每条电缆添加必经点和停止点，可以通过直接输入，也可以点击“必经点 1”“必经点 2”等从屏幕上直接选择，然后点击“布置”按钮完成布置，布置成功的电缆前面都将打钩表示。

“全选”“全不选”是对列表框中电缆的选择，也可以通过 Ctrl 键实现多选，点击“去除”是将选中的电缆中待布置列表框中去除；“显示”“隐藏”可以对选中的已布置电缆实现显示和隐藏，一般建议已布置电缆隐藏起来，这样不会影响到下次电缆布置。

点击“删除布置”按钮可以删除已布置电缆模型记录，但不会删除电缆原理记录。

13.4　添加必经点到电缆

对于已布置电缆，可以通过添加必经点来调整电缆的走向。

点击“添加必经点到电缆”按钮，系统提示“选择电缆通道”，选择需要修改电缆所在的通道，列表框中将显示该通道中所有的电缆，如图 13.3 所示。

点击电缆编号时，该电缆将高亮显示，同时也将显示该电缆的首尾设备，如果该电缆有必经点，则必经点也将高亮显示。下一步选择控制节点，然后点击插入位置，表示该节点插入在那两个控制节点之间，如果是第一个控制节点，则只要在电缆上任意位置点一下即可，如果是第二个或第二个以上节点，则需要注意。

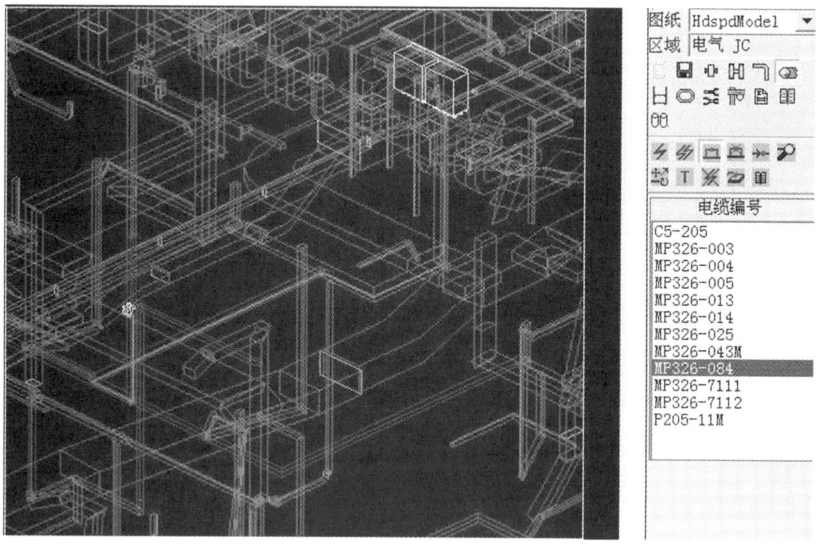

图 13.3 添加必经点到电缆

13.5 删除电缆中的必经点

对于布置好的电缆，可以通过添加必经点来调整电缆的走向。

点击“删除电缆中的必经点”按钮，系统提示“选择电缆通道”，选择需要修改电缆所在的通道，列表框中将显示该通道中所有的电缆，如图 13.4 所示。

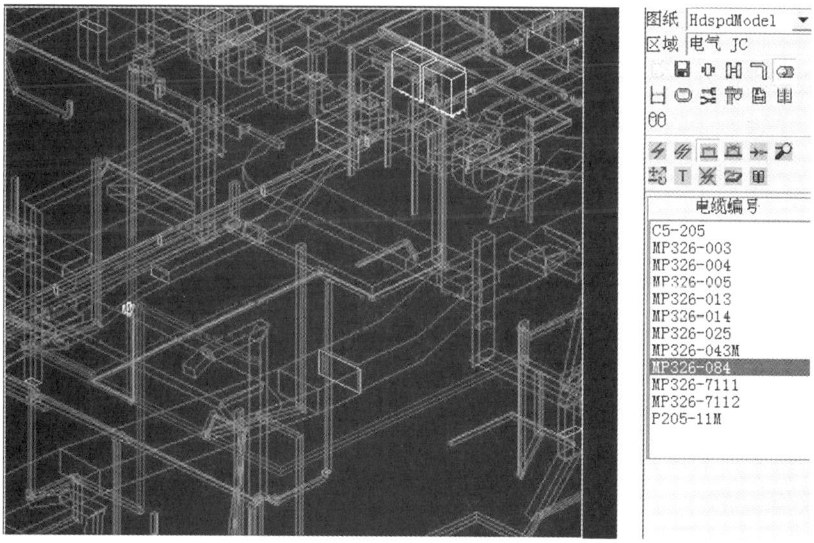

图 13.3 删除电缆中的必经点

点击电缆编号时，将高亮显示该电缆，同时也将显示该电缆的首尾设备，如果该电缆有必经点，则必经点也将高亮显示。选择需要删除的节点，电缆将自动重新计算一条最短的路径。

13.6 修改停止点

一些较长的电缆在布置时可能需要设置一个“停止点”,然后在停止点处往两头拉。添加过停止点的电缆在电缆施工表册中可以输出“停止长度”,即从起始设备到停止点的电缆长度。

在弹出对话框中选择一根电缆后,从屏幕上拾取一个停止点,如果该停止点已经是必经点,则完成操作,如果该停止点不是必经点,需要确定一个插入位置,原理与添加必经点相同。

每一根电缆只允许有一个停止点,如果一根电缆已经有了停止点,再选择另外一个停止点,那么原来的停止点变成必经点。

13.7 查看通道中电缆

点击“查看通道中电缆”按钮,弹出对话框后,从屏幕上选择需要查看的通道或者是节点。

系统将显示该通道的所有信息,包括所有通过该通道的电缆编号、直径、面积,统计电缆的总面积,根数,通道的宽度、高度,计算电缆占通道的比例。

如果选择的是节点的话,还将显示节点代号,并且可以输出节点中电缆信息到文本中。

一般建议选择节点,得到的电缆信息将比通道信息更加精确,因此在分叉的地方通道中的电缆可能统计的有错误。

13.8 修改电缆

对于已经布置好的电缆,可以修改电缆的一些相关属性,点击“修改电缆”按钮。

1. 修改设备起始、终止通道

点击“修改设备起始、终止通道”按钮,系统提示信息“请选择电缆通道”,从屏幕上交互选择需要修改的电缆所在的通道,列表框中将列出该通道中所有的本模型布置的电缆,选择其中一根电缆,屏幕上将高亮显示该电缆及电缆所连接的首尾设备。

根据需要修改起始设备或是终止设备的通道,切换“起始设备”“终止设备”按钮,选择的设备图形上将以黄色显示(务必要选正确)。

然后选择需要连接的通道,则从该设备出来的电缆将直接连接到所选的通道。

2. 更新电缆中的设备余量

修改设备小样中的电缆余量后,需要通过该功能更新到电缆中去。

13.9 隐藏或显示模型

可以对视图中的模型按照类别进行显示和隐藏,点击“隐藏/显示”按钮。

包括隐藏/显示电气设备、隐藏/显示电缆、隐藏/显示通道。其中,点击“隐藏/显示通道”会弹出“允许电缆类别”对话框。

选择需要显示的允许电缆类别，然后点击“显示”按钮，将在视图中显示所选择的允许电缆类别的通道，不符合允许电缆类别的电缆通道将被隐藏。

13.10　电缆查询与统计

可以对电缆的模型进行查询、统计，点击“电缆相关统计”按钮。

1. 电缆统计

本功能可以对节点、设备和通道中的电缆进行统计和输出，同时可以搜索工程中电缆所占面积比例超过一定值或者小于一定值的所有节点、通道的功能。

(1)统计节点中的电缆。选择“显示全部节点”对工程库中的节点进行统计；选择“只显示当前模型下的节点”对当前模型文件中的节点进行统计。

列表中将列出节点详细信息：包括节点名称、节点坐标和该节点所在的模型文件。点击“选择”按钮，对需要进行统计的节点打钩，也可以点击“拾取”按钮交互地从屏幕上选择需要输出的节点。如果要输出电缆的详细路径，则勾选“输出电缆路径”按钮。

点击“统计电缆”按钮，输出文件名，可以保存为 TXT 文本格式或者 CSV 表格格式。如图 13.5 所示。

图 13.5　电缆统计

(2)填写“电缆面积小于”或者“电缆面积大于”的百分比值，然后点击“查找并输出”，将查找工程中所有满足“电缆面积小于”或者“电缆面积大于”某一个百分比值的电缆节点。

(3)统计设备中的电缆。本功能可以实现对设备中的电缆进行统计和输出的功能。

列表中将列出本工程中所有的电气设备。点击“选择”按钮，对需要进行统计的节点打钩，也可以点击“拾取”按钮交互地从屏幕上选择需要输出的节点。如果要输出电缆的详细路径,则勾选“输出电缆路径”按钮。如图 13.6 所示。

点击“统计节点中的电缆”按钮,输出文件名,可以保存为 TXT 文本格式或者 CSV 表格格式。

图 13.6　统计设备中的电缆

(4)统计通道中的电缆。本功能可以实现对通道中的电缆进行统计和输出的功能。

操作方式与“统计节点中的电缆”方法相同。

2. 节点定位与显示

点击“节点定位与显示”按钮,列表框中将列出本模型中所有的节点,选择需要定位的节点,或者在下面的文本框中输入需要定位的节点,然后点击“定位”按钮定位显示。

3. 电气工程库管理

区域模型数据提交时,将区域模型数据中的通道、节点、设备写到电气工程库中。点击“电气工程库管理”。弹出的对话框如图 13.7 所示。

图 13.7　电气工程库管理

列表项含义如表 1 所示。

表 1　列表项含义

类别	模型名	所在文件及模型号	模型号
1:通道	区域:序号	模型文件:模型号	工程库中模型号
2:节点	区域:序号:代号	模型文件:模型号	工程库中模型号
3:设备	设备编号	模型文件:模型号	工程库中模型号
4:外专业设备	设备名称	模型文件:模型号	工程库中模型号
5:电缆	电缆编号	模型文件:模型号	工程库中模型号

选择多个模型记录,点击“删除”在电气工程库中删除该模型记录。

13.11　电缆相关检查

电缆相关检查是用来检查电缆模型数据的。

该功能主要作用:

(1)自动检查并更新电缆原理中布置的打钩标志是否正确。

(2)检查并自动更新电缆模型中的电缆型号、规格、外径数据(与电缆原理比较,不与电缆标准库中的电缆进行比较)。

(3)检查电缆原理是否丢失。

如果电缆标准修改,则先需要先使用电缆原理中的检查功能,将最新的标准数据更新到原理中,然后再点击此处按钮更新到模型中。

13.12 删除电缆

从电缆处理工具条中按“删除电缆”按钮，则显示提示“选择要删除的电缆”，弹出列表框，显示所有已经布置的电缆，直接在列表框中选择电缆，然后点击“删除”按钮即可。也可以从屏幕上直接选择电缆模型，按拾取键(鼠标左键)确认删除，或按回车键放弃删除。

区域模型数据提交时，将区域模型数据中的通道、节点、设备写到电气工程库中，布置电缆之前要将电缆经过的区域模型获取到当前模型中。

点击“获取区域模型”按钮，弹出对话框如下所示。

左边列出当前工程库中所有已经提交的模型及提交的时间，选择需要获取的区域，然后点击“获取”按钮，获取完后将当前的区域写到“当前的区域模型”列表框中。

第 14 章　电缆施工表册

电缆施工表册用于描述电缆属性、施工信息以及电缆拉放顺序。

电缆施工表册的处理是采用人工交互操作的方式进行编辑处理。

施工表册分小本和大本。可以将电缆归并到一个小本中，若干个小本再组成一个大本，每个小本输出为一个 EXCEL 文件。

如下图所示，在界面的左边是已经存在的所有大类和小类，当选择不同小类时，左边的列表框会显示该小类中所有的电缆，包含电缆的编号、首设备、尾设备、标记长度、总长和停止点等。

在电缆结构树上点击右键，弹出的对话框如图 14.1 所示。

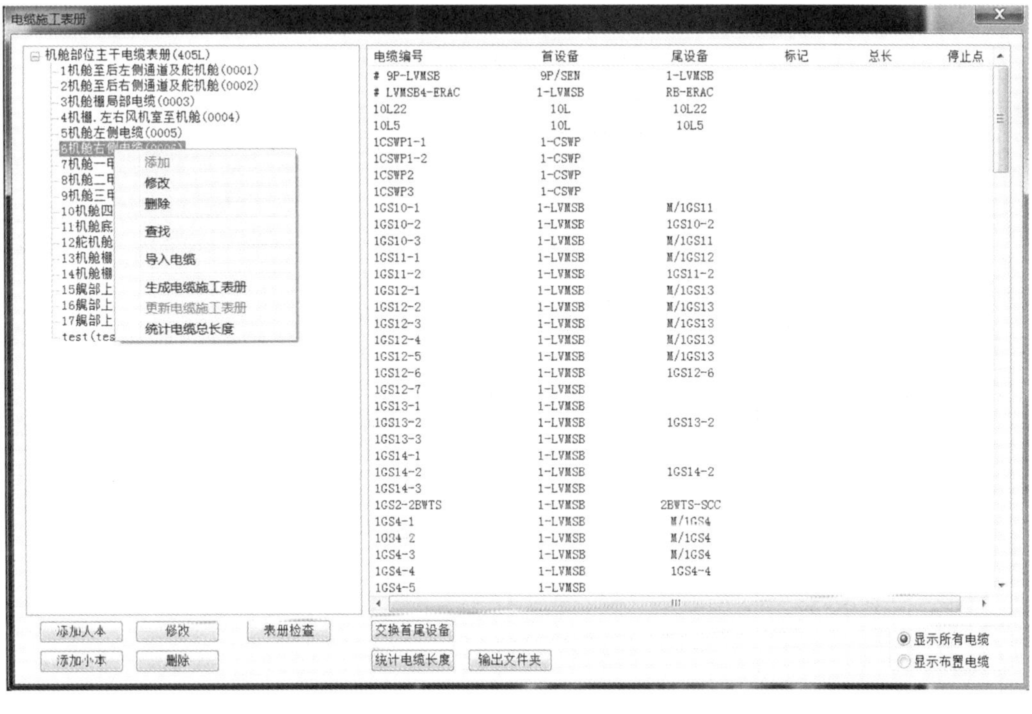

图 14.1　电缆施工表册

“导入电缆”：将 EXCEL 中编辑好的电缆导入到电缆小本中。

“生成电缆施工表册”：将小本中的电缆输出到 EXCEL 中。

“统计电缆总长度”：按照电缆型号、规格汇总电缆长度。

对话框的下方有“添加大本”“添加小本”“修改”“删除”“统计电缆长度”等按钮。

14.1 添加大本

按下“添加大本”按钮后，将弹出如图 14.2 所示对话框。

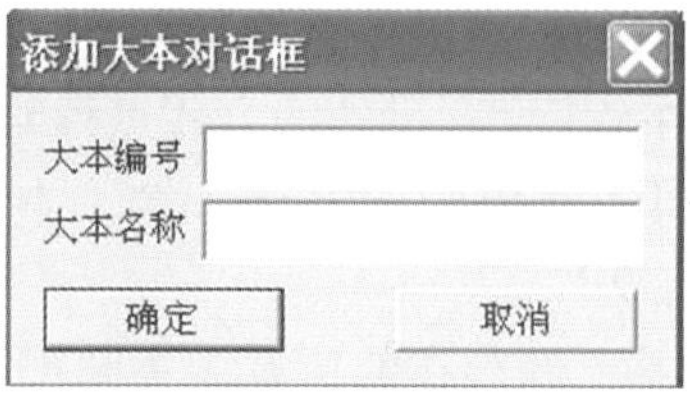

图 14.2 添加大本

其中大本编号是在数据库记录的关键词，不允许重复，不允许超过四位字符；大本名称是用户可以很直观地看到的表册名称，输入这两项后按“确定”键即可将大本添加到施工表册中。

14.2 修改大本

如果需要修改一个已经存在的电缆大本，则将需要修改的电缆大本选中后按“修改”按钮，弹出对话框如图 14.3 所示。

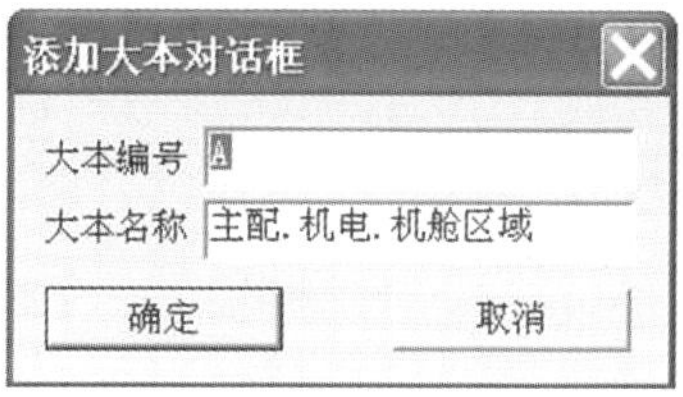

图 14.3 修改大本

重新输入大本编号或者大本名称后按“确定”按钮保存即可。

修改大本后，大本中的所有小本及小本中的电缆中和大本相关的数据将自动修改。

14.3 添加小本

首先选择希望添加小本的大本，然后按下“添加小本”按钮后，将弹出如图 14.4 所示的对话框。

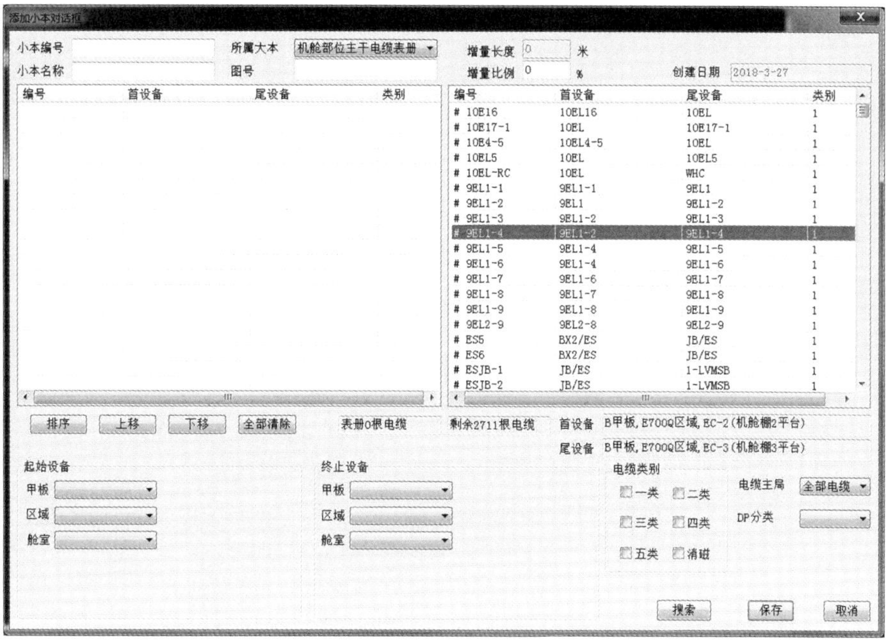

图 14.4　添加小本

输入小本编号和名称，编号不能重复；输入小本的增量比例；选择该小本所属的大本。

选择起始设备所在的甲板、区域或者舱室，选择终止设备所在的甲板、区域或者舱室，然后选择电缆类别，可以多选。设置完成后点击“添加”按钮，则在右边列表框中满足要求的电缆将自动选出来，移到左边的列表框中。

如果电缆原理中的起始设备和终止设备定义与设置的起始设备、终止设备所属的甲板、区域或舱室相反，则会提示是否自动将原理的起始设备和终止设备反过来。

也可以通过双击其中一根电缆，将该电缆从左边的列表框移到右边列表框，或者从右边的列表框移到左边的列表框。

用户可以双击列表框的头对列表框中的电缆进行排序，也可以选择其中的一根电缆，利用“向上”和“向下”按钮对该电缆进行排序。

“增量比例”表示将来生成该小本电缆施工表册中每一根电缆的长度是实际布置的长度再加上该百分比。

“全部清除”将清除小本中的所有电缆，移到未出表册中（即右边的列表框）。

14.4　修改小本

如果需要修改一个已经存在的电缆小本，则将需要修改的电缆小本选中后按“修改”按钮，弹出的对话框如图 14.5 所示。

可以通过双击选中的电缆将电缆移出表册或者添加到表册，也可以将通过“全部清除”将表册中电缆清除后再重新加入。

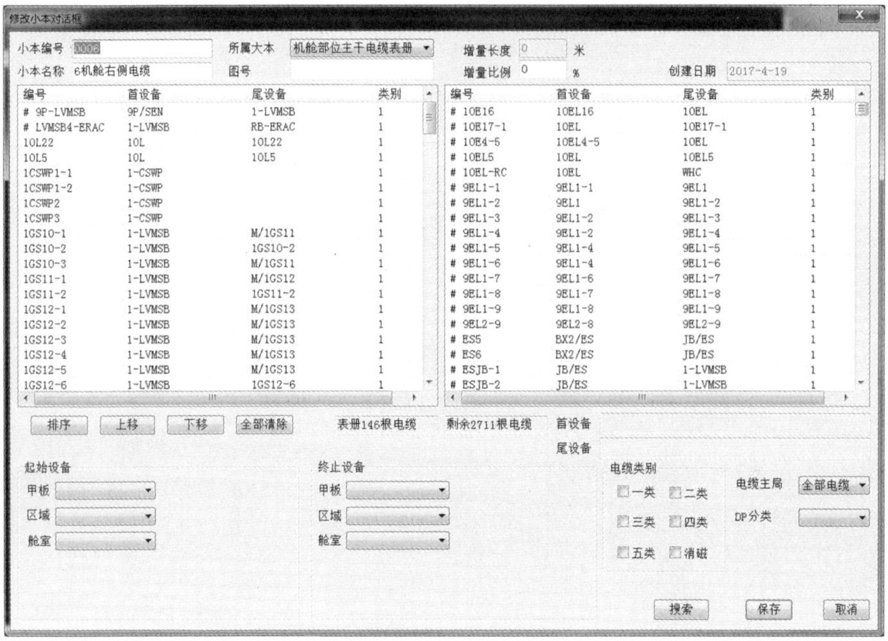

图 14.5 修改小本

界面与“添加小本”界面相同,可以修改小本编号、小本名称、所属大本、小本电缆等数据。

通过交互编辑后,选择“确定”保存修改,或者选择“取消”放弃修改。

第 15 章　电气接线图

电气接线图是用来组织排列电气设备的端口编号以及与该端口相连的电缆芯线号,同时还整理编写接线排的编号,以此来指导设备合理接线安装以及便于日后维修电工尽快查找故障。

电气接线图模块主要功能包括图册管理功能和交互编辑功能。

15.1　程序界面介绍

点击按钮选择工程后,示例界面如图 15.1 所示。

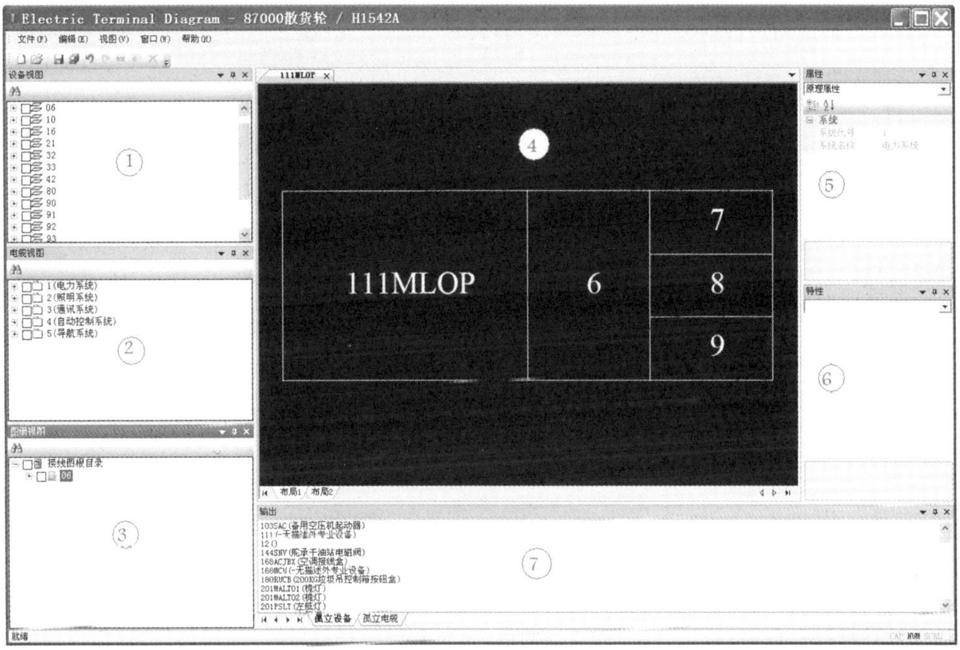

图 15.1　程序界面

①设备视图区域,用于显示设备原理;

②电缆视图区域,用于显示电缆原理;

③图册视图区域,用于显示电气接线图图册、图纸;

④二维交互区域,用于二维交互编辑设备、电缆;

⑤原理属性区域,用于显示原理信息;

⑥特性视图区域,用于显示二维实体信息(可通过双击二维实体激活此属性框);

⑦输出视图区域,用于输出孤立设备、孤立电缆等信息。

15.2 图册管理

1. 新建图册

在图册视图上点击鼠标右键，出现接线图根目录节点，选择“新建图册”菜单，并填写图册名称，如图 15.2 所示。

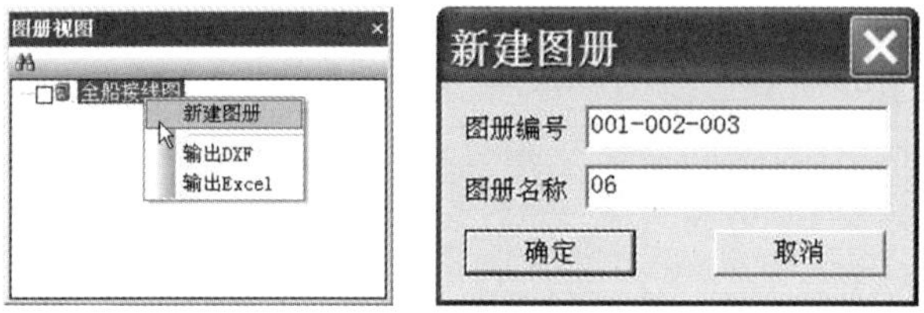

图 15.2　新建图册

2. 新建子图册

在图册视图上点击鼠标右键，出现图册节点，选择“新建子图册”菜单，并填写图册名称，如图 15.3 所示。

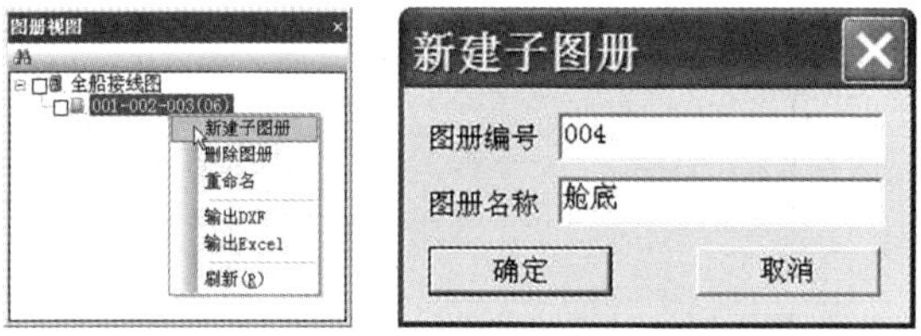

图 15.3　新建子图册

注：如果用户想要再细分图册层次，可以右键子图册节点创建子节点，如图 15.4 所示。

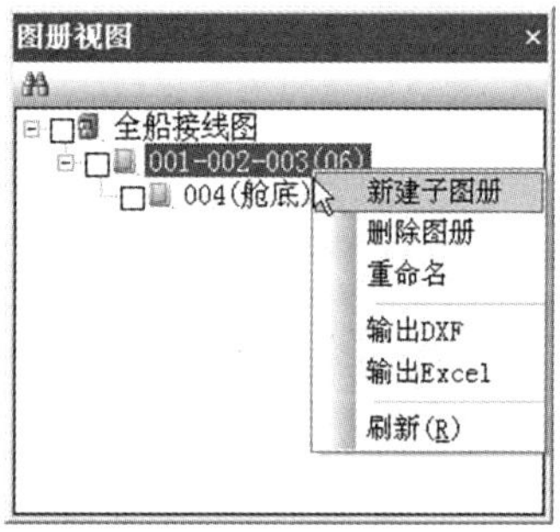

图 15.4　创建子图册

3. 加入图册

在设备树上勾选所需加入图册的设备，并右键选择“添加勾选设备至图册”菜单。

弹出对话框后，选择所需加入图册的设备（左侧列表中选择），并在图册树上选择图册（右侧树上选择），点击“确定”按钮即可，如图 15.5 所示。

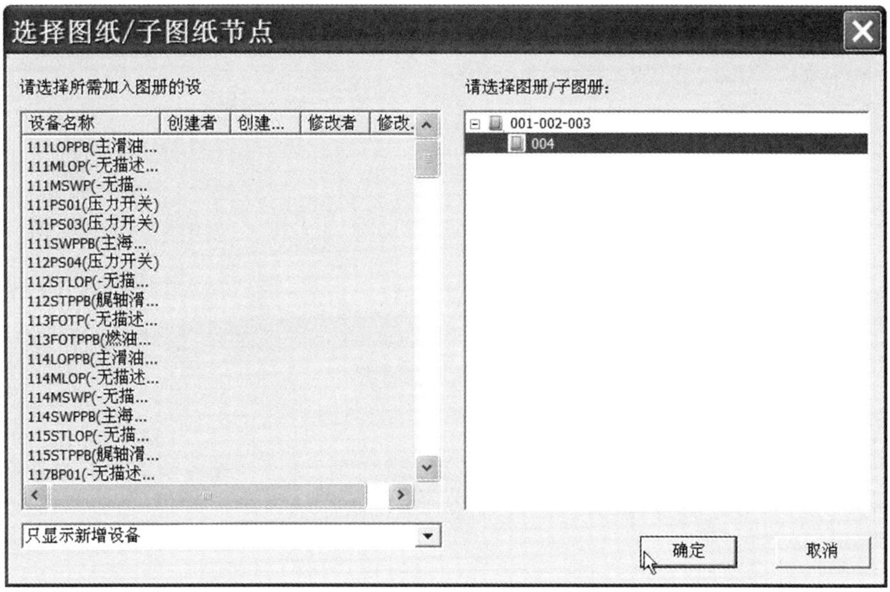

图 15.5　加入图册

加入完成后,可在图册视图上看出,图纸已加入图册,如图 15.6 所示。

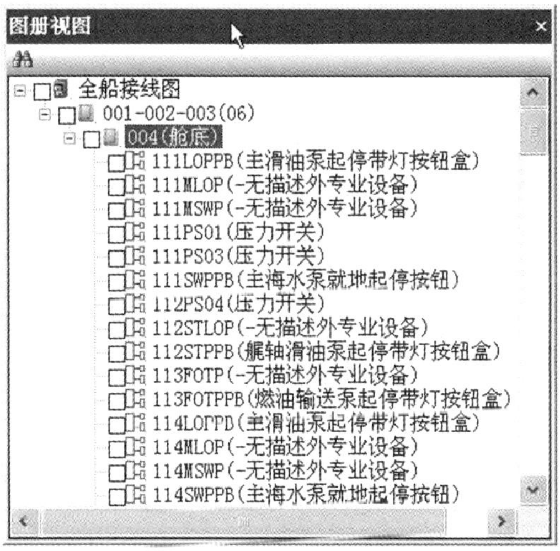

图 15.6　已加入图册图纸

4. 删除图册、子图册

在图册视图上点击鼠标右键,出现图册节点,如“06”,选择“删除图册”菜单,删除子图册操作类似。

5. 删除图纸

在图册视图上点击鼠标右键,出现图纸节点,如“GS2(2 号组合起动器)”,选择“删除图纸”菜单。效果如图 15.7 所示。

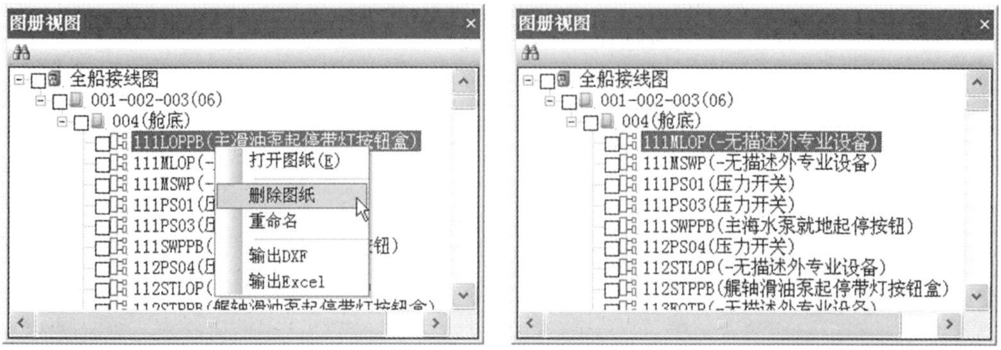

图 15.7　删除图纸

6. 重命名图册、子图册

在图册视图上右键图册节点,如“06”,选择“重命名”菜单(或者按 F2 键),并修改图册名称为“06_2”。效果如图 15.8 所示。重命名子图册操作类似。

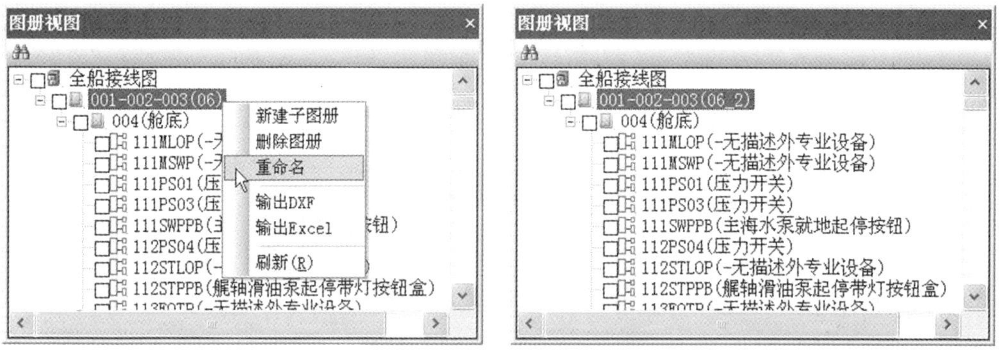

图 15.8　重命名图册、子图册

7. 重命名图纸

在图册视图上点击鼠标右键,出现图纸节点,如“111MLOP(主机滑油泵)”,选择“重命名”菜单,并修改图纸描述为“主机滑油泵 2”。如图 15.9 所示。

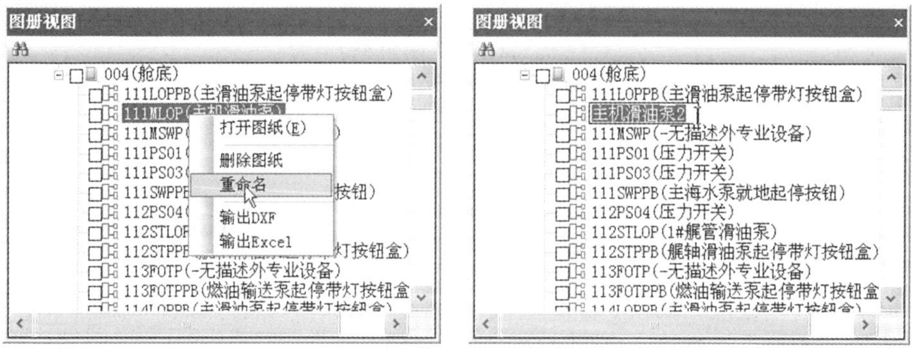

图 15.9　重命名图纸

15.3　交互编辑

1. 设置快捷键

如图 15.10 所示,点击视图展开至自定义。

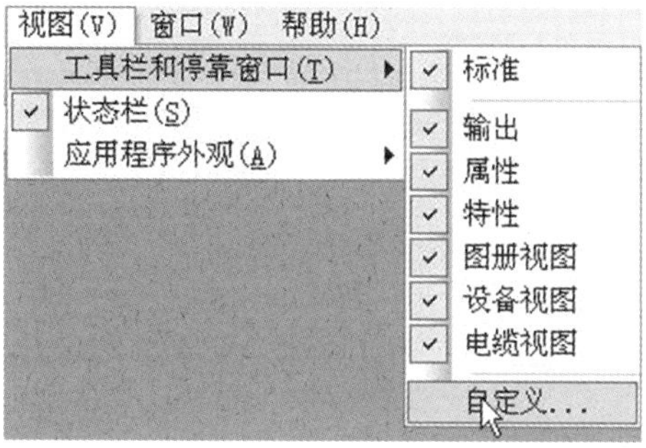

图 15.10　设置快捷键

在键盘选项卡下,选择类别“编辑”。

在 1 处按住所需设置的快捷键,并点击 2 处的分配按钮,即可。

2. 打开图纸

点击鼠标右键,出现图纸节点,点击“打开图纸”按钮即可打开图纸,如 111MLOP。如果图纸已经打开,将直接切换至图纸页,不会重复打开。

3. 编辑设备

(1)插入端子

将鼠标停靠在所需插入端子的参考位置,插入分两种向上插入和向下插入。每个插入按钮右侧有一个数量编辑框,表示插入的数量,默认为 1。如图 15.11 所示,在 29 下方,插入 3 个端子。

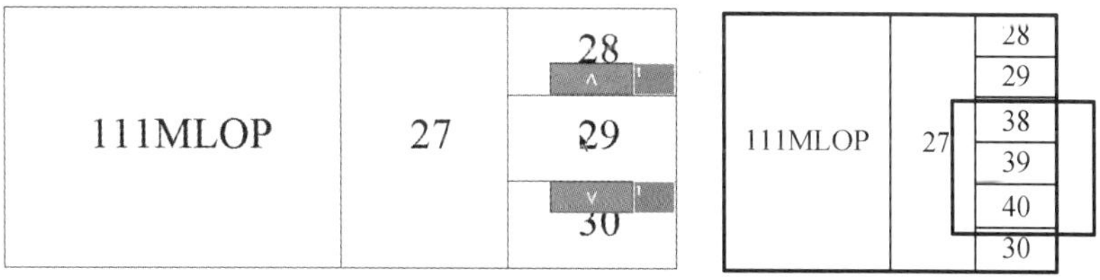

图 15.11　插入端子

(2)拆分端子排

选择所需组合为端子排的端子,如选择 38,39,40,并点击“新建”按钮(或者使用之前定义的快捷键)。效果如图 15.12 所示,原端子排 27 已被拆分。42,44 为新的端子排:

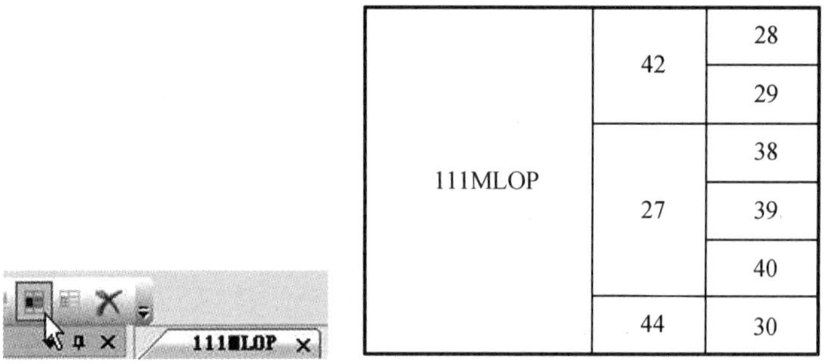

图 15.12　拆分端子排

(3)组合端子排

如图 15.13 所示,选择所需组合的端子排,27,44,并点击“合并端子排”按钮。

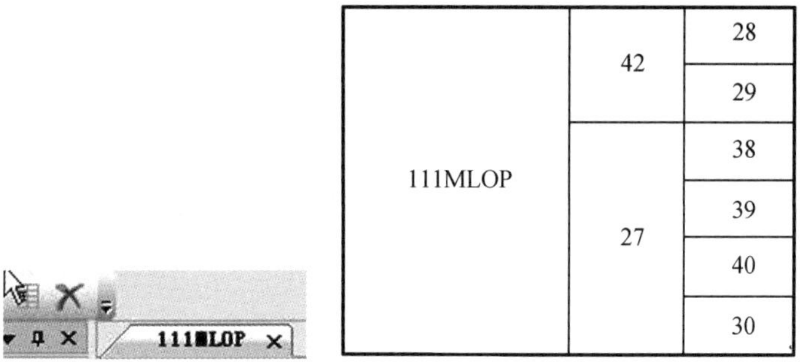

图 15.13　组合端子排

4. 编辑电缆

(1)连接电缆

拖拽电缆时,开启捕捉功能,可以将电缆芯线,对齐端子排 42 下的 28,如图 15.14 所示。

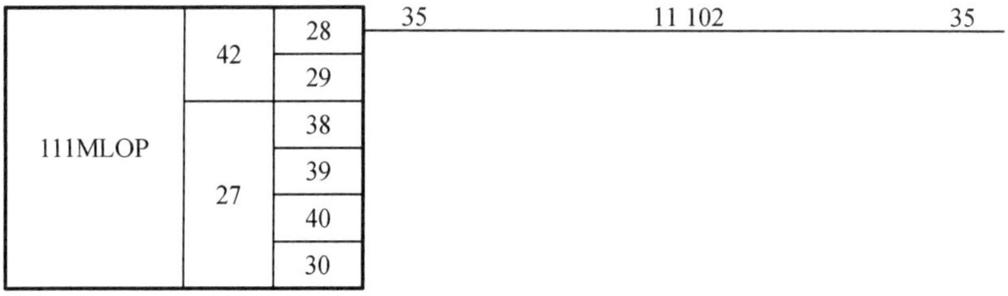

图 15.14　连接电缆

注意:绿色表示连接关系与原理定义的一致。如果不一致,则以黄色显示,如图 15.15 所示。

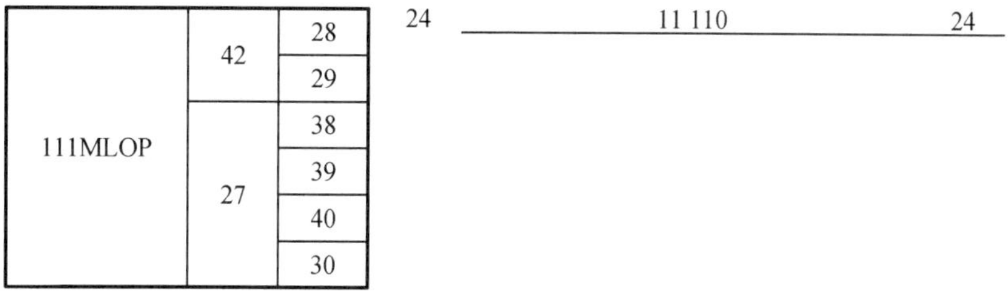

图 15.15 连接关系

(2)插入芯线

将鼠标停靠在所需插入芯线的参考位置,插入分两种向上插入和向下插入。每个插入按钮右侧有一个数量编辑框,表示插入的数量,默认为 1。如图 15.16 所示。

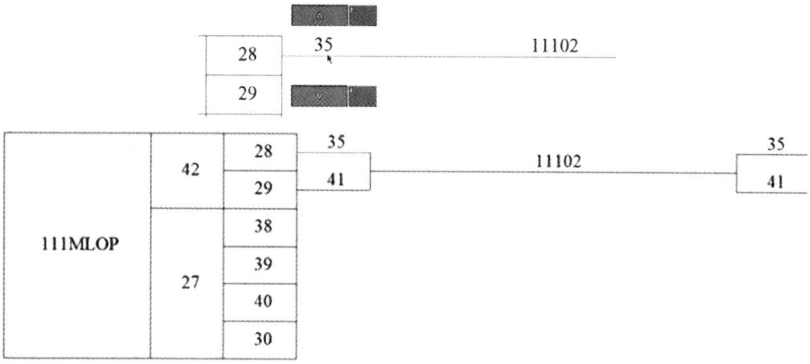

图 15.16 插入芯线

5. 编辑文本

双击端子 2,在编辑框中填入新的名称,并在空白处单击下完成编辑,或者按 ESC 取消编辑,如图 15.17 所示。

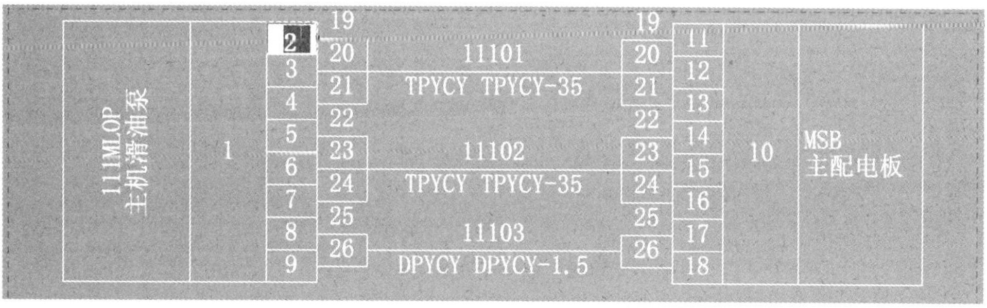

图 15.17 编辑文本

目前,可编辑实体有端子排名称、端子名称、电缆芯线名称,如图 15.18 所示。

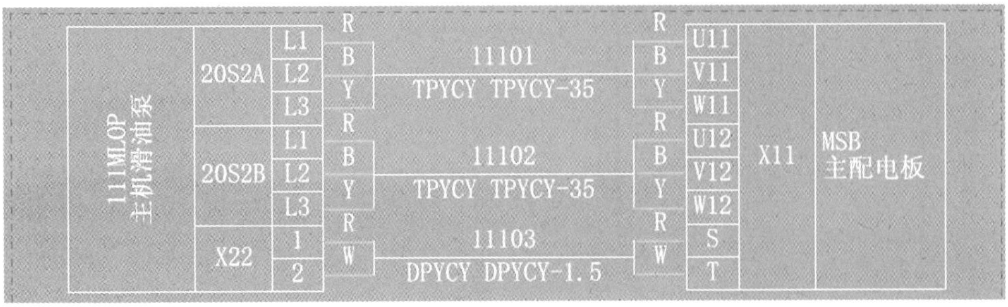

图 15.18　编辑端子排名称、端子名称、电缆芯线名称

注:编辑时可按 Tab 键(或 Shift + Tab 组合键)快速切换编辑的实体。

6. 拖拽连接

拖动设备时会自动捕捉可连接的芯线,拖动电缆时会自动捕捉可连接的芯线。图 15.19 所示为拖动前的情况。

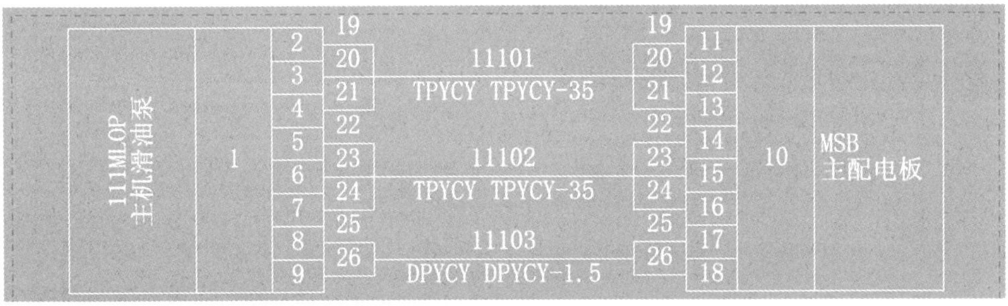

图 15.19　拖动电缆时会自动捕捉可连接的芯线

点击选中设备 111MLOP,按住左键,显示捕捉点。效果如图 15.20 所示。

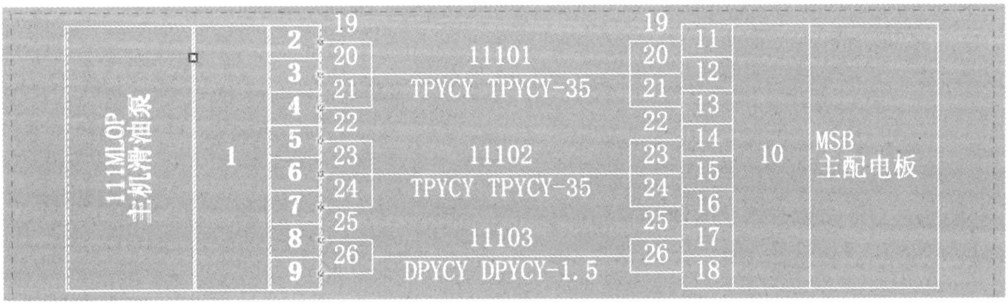

图 15.20　显示捕捉点

放开左键,即可建立连接关系,如图 15.21 所示。

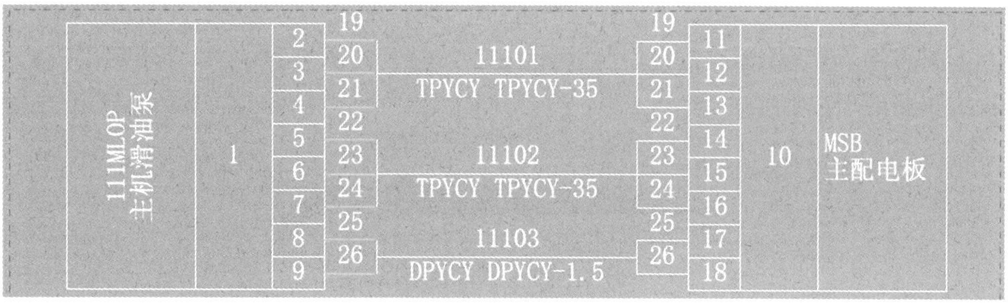

图 15.21　建立连接关系

15.4　图 纸 生 成

1. 输出 Excel

在图册视图上右键图纸节点，如“111MLOP”，选择“输出 Excel”菜单，效果如图 15.22。输出图册或子图册操作类似。

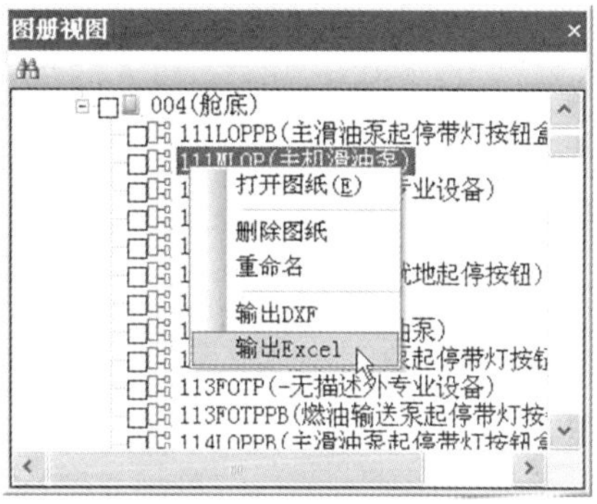

图 15.22　输出 Excel

Excel 表册如图 15.23 所示。

沪东中华造船			87000散货轮					H1542A				第 2 页
序号	电缆编号	电缆型号和规格	始端设备					终端设备				备注
			设备名称	设备代号	接线排号	端子号	芯线号	端子号	接线排号	设备名称	设备代号	
1	11101	TPYCY TPYCY-35	主机滑油泵	111MLOP	20S2A	L1	R	U11	X11	主配电板	MSB	
						L2	B	V11				
						L3	Y	W11				
2	11102	TPYCY TPYCY-35	主机滑油泵	111MLOP	20S2B	L1	R	U12	X11	主配电板	MSB	
						L2	B	V12				
						L3	Y	W12				
3	11103	DPYCY DPYCY-1.5	主机滑油泵	111MLOP	X22	1	R	S	X11	主配电板	MSB	
						2	W	T				

图 15.23　Excel 表册

2. 输出 Dxf

在图册视图上右键图纸节点，如“111MLOP”，选择“输出 Dxf”菜单，效果如图 15.24 所示。输出图册或子图册操作类似。

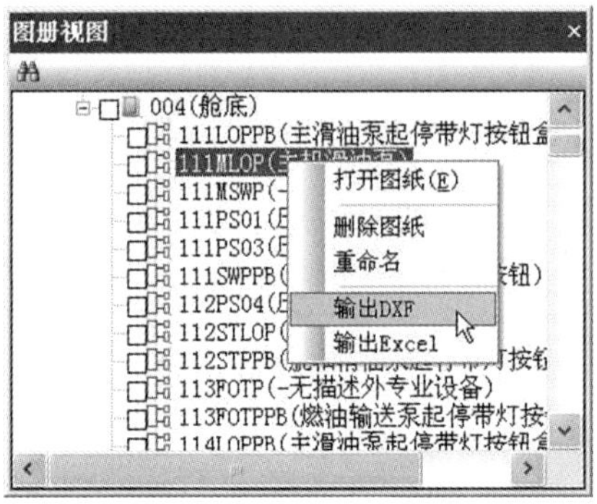

图 15.24　输出 Dxf

Dxf 图纸如图 15.25 所示。

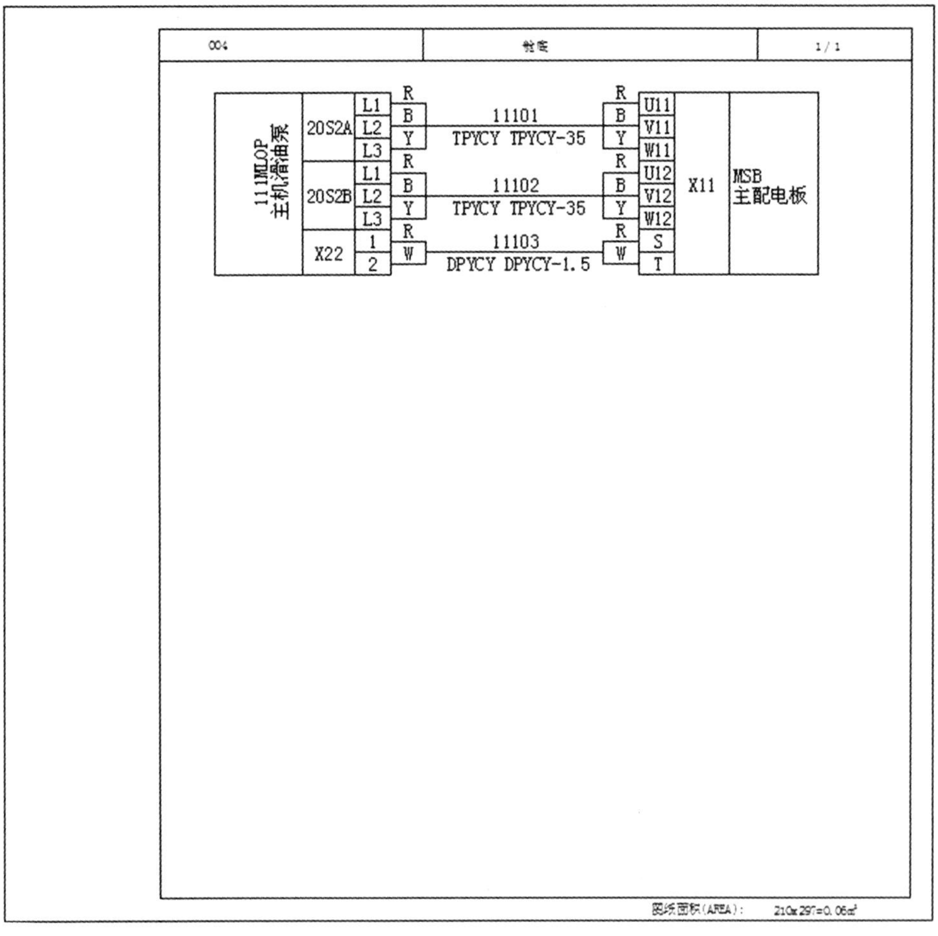

图 15.25　Dxf 图纸

3. 模板说明

目前,模板包括 Excel 表册模板“电气接线图模板. xls”和 Dxf 图纸模板“电气接线图模板. dxf”。

Excel 表册模板与 SPD 常用的模板没有特殊区别。

Dxf 图纸模板中需要注意的地方是,两个 $ DwgArea $ 的区域即是交互编辑时蓝色虚线框的区域。

15.5　图 纸 处 理

图面处理是船舶设计中最后一个重要的工作内容,是各专业出图必不可少的功能。在激活模型时,图面处理会出现标注、文本、拖动、移动、复制、更新、删除、图形转换、图框管理、图块、符号、船体标识线等功能。在标注模块中,根据不同的专业会出现不同标注内容。

1. 标注

标注根据不同的专业会出现不同标注内容。管子专业分为标注名称、标注多名称、标注尺寸、标注孔径、标注角度等操作。所有专业中标注尺寸、标注孔径、标注角度是相同的,不同的部分将在各专业系统中说明。

2. 名称标注

标注名称可以标注设备、基座、导架、贯穿件和节电的名称、类型等各种属性;标注方式可以直接标在部件上,也可以用引线标在部件的附近。标注名称提供各种选择,可根据需要任意叠加选择。

标注选项如下所列。

引线:在标注框内选择标注项目,可任意叠加选择。

默认位置:指示标注的部件,如果选择引线标注,标注内容可通过引线放在任意位置;否则标注内容放在指示的位置。

指示位置:在指示的位置上标注的内容,内容的方向由部件线段确定。

中央位置:标注的内容放在部件的中央。

3. 节点电缆列表

节点电缆列表是列出电缆名称、列出电缆型号和规格,还可以输出电缆型号或电缆规格。

操作步骤如下。

步骤 1:输入电缆输出的列数和文字宽度因子;设置输出的内容和形式。

步骤 2:选择模型(设备、电缆节点、贯穿件)。

步骤 3:指示电缆列表的位置;可以重复第步骤 2 和步骤 3。

步骤 4:退出按 Esc 键。

说明:在第一次进入标注节点电缆时,系统根据用户当前模型的类型(电缆模型或区域模型)决定是否调入电缆模型,如果当前模型是电缆模型,系统自动调入该电缆模型;如果当前模型是区域模型,系统等待用户在电缆模型列表框中选择电缆模型。一般情况下一个工程只有一个电缆模型。另外在 HdspdModel 交互图纸上标注的字符大小与列表框出现重叠现象是正常现象(因为此图纸的比例是可变的),所以在标注节点电缆时要在安装图纸上标注。

使用时注意事项:

①在区域模型时要标注电缆名称,必须选择电缆模型,才能标注。

②如果当前的模型是电缆模型,那么无法选择其他的电缆模型。

③一定要选择正确的电缆模型文件,在读取模型数据时速度可能较慢。

④节点电缆名称数据打开一次后一直存在系统内,只有退出系统才能消失。

15.6 托盘及生产用表

托盘是一个施工单元,又是一个供安装用的器材集配单元。托盘管理就是以托盘为单位进行生产组织、物资配套以及进度安排的生产管理方法。

托盘以及生产用表是对模型零件进行托盘,只有在托盘中的模型才能输出各种制造表和统计表。其功能包括:选择托盘零件、编辑托盘零件、托盘管理表、材料统计表、结构开孔表、电气区域质量汇总、电气全船质量汇总和查看输出文件夹。

15.7 选择托盘零件

1. 选择托盘零件按钮

说明:在模型进行托盘时,可以单选或者开窗选择电气模型。一旦进入选择零件托盘菜单,系统将自动以高亮黄色显示 EG22 托盘的电气零件,其他托盘零件以紫色显示,没有托盘的零件以原色显示.

2. 生成托盘零件

步骤 1:选择生成托盘零件按钮.

步骤 2:选择托盘名称框,在选择托盘名称框内选择托盘名。

步骤 3:选择零件,单选或者开窗选择电气模型。按回车或鼠标右键结束选择。

说明:如果一个电气模型已经托盘,再选择该模型,则该模型的托盘名就是当前选择的托盘名。

3. 删除整个托盘

步骤 1:删除整个托盘按钮。

步骤 2:选择托盘名称,在托盘名称框。

步骤 3:选择任意模型,按回车或鼠标右键结束选择。

说明:删除选择的托盘名内的所有零件。

4. 删除托盘零件

步骤 1:删除托盘零件按钮。

步骤 2:选择零件,单选或者开窗选择电气模型。按回车或鼠标右键结束选择。

说明:无论哪个托盘,删除托盘零件。

5. 编辑托盘零件

步骤 1:编辑零件托盘按钮。

步骤 2:编辑零件托盘对话框。

托盘名称 A:在托盘名称 A 框内列出本模型的托盘名称。选择一个托盘名称会在托盘名称 A 列表框内显示本托盘的所有电气零件,如果选择的托盘名称与托盘名称 B 框内的托盘名称相同,则原托盘名称 A 框内的托盘名称将代替托盘名称 B 框内的托盘名称,并更新托盘名称 B 列表框内的电气零件。

托盘名称 B：在托盘名称 B 框内可列出无托盘、全托盘及本模型的托盘名称，但不包括托盘名称 A 框中列出的托盘名称(E15)。可选择一个名称在托盘名称 B 列表框内显示的所有电气零件。

移出>>：在托盘名称 A 列表框内选择若干个电气零件，按“移出>>”按钮，则把选择的电气零件移到当前的托盘名称 B 列表框内。

<<加入：在托盘名称 B 列表框内选择若干个电气零件，按“<<加入”按钮，则把选择的电气零件移到当前的托盘名称 A 列表框内。

保存：把编组完成的托盘存入数据库内。如果中途退出将不会保存编辑过的数据。

退出：如果编辑过托盘数据，系统将自动提示用户是否退出。

说明：编辑托盘零件与生成托盘零件其目的相同，但方式不同，生成托盘零件时着重于零件的位置(开窗选择)。而编辑托盘零件可以直观地查阅一个托盘中所有的零件，托盘之间的零件可以互相移动。

15.8　托盘管理表

步骤 1：选择托盘管理表按钮。

步骤 2：选择托盘管理表对话框。

托盘名称：是建立托盘名时输入的，选择托盘名称输出该托盘名内的数据。

表册图号：是托盘管理表图号。

单位：公司名称。

确定：生成托盘管理表。

退出：退出对话框。

默认情况下输出托盘管理如图 15.26 所示。

沪东中华造船		电气安装托盘管理表(B)	图号DWG No	6870001L
工程编号Project	H3015~19		共　页	第　页
舾装代码Outfitting		区域Area 00箱集装箱	托盘名称Pallet	70区
序号No	代号Code	名称Name	数量QTY	备注
1	2030	吊式单只单层导架	3	0.39
5				
6	2006530	吊式组合单层直导架	1	3.63
10				
11	DC-20*8	DC型水密围板	1	6.22
15				
16	1L3-1	接线盒	1	0.60
17	1L4-1	接线盒	1	0.60
18	1L10	铜质水密开关插座	1	1.00
19				
23	M8*25	螺栓	12	
24		平垫片	24	
25		螺旋垫片	12	

图 15.26　托盘管理表

相同类型、中文名称、型号、材质、简易规格、规格、备注的情况下，数量进行汇总

选中“导架脚统计”复选框后，将统计并输出导架脚的信息，如图 15.27 所示。

沪东中华造船		电气安装托盘管理表(B)	图号DWG No	6870001L
工程编号Project	H3015~19		共　　页	第　　页
舾装代码Outfitting		区域Area 00箱集装箱	托盘名称Pallet	70区
序号No	代号Code	名称Name	数量QTY	备注
1	2030	吊式单只单层导架	3	0.39
5				
6	2006530	吊式组合单层直导架	1	3.63
10				
11	*FB1-200*300*	*吊式组合单层直导架脚*	*3*	*2.72*
12	*SH1-0*300*	*吊式单只单层导架脚*	*3*	*0.01*
16				
17	DC-20*8	DC型水密围板	1	6.22
21				
22	1L3-1	接线盒	1	0.60
23	1L4-1	接线盒	1	0.60
24	1L10	铜质水密开关插座	1	1.00
28				
29	M8*25	螺栓	12	
30		平垫片	24	
31		螺旋垫片	12	

图 15.27　统计并输出导架脚的信息

FB1-200 * 300 中的数据来源。

FB1：导架型号，根据部件标准管理中的 PMK 获取。

200：导架宽度，根据导架参数化部件中变量 WS 获取。

300：导架脚高，根据导架参数化部件中变量 HS 获取。

选中“导架长度统计”复选框后，将统计并输出导板的信息，如图 15.28 所示。

导板的数据汇总，相同中文名称、型号、材质、简易规格、电缆槽宽度（参数化部件中的 W）、电缆槽高度（参数化部件中的 G）、长度的情况下，数量进行汇总。

选中“托架长度汇总”复选框后，在统计导架长度的基础上，可以进一步对相同尺寸的导架进行汇总。

沪东中华造船		电气安装托盘管理表(B)	图号DWG No	6870001L
工程编号Project	H3015~19		共 页	第 页
舾装代码Outfitting		区域Area 00箱集装箱	托盘名称Pallet	70区
序号No	代号Code	名称Name	数量QTY	备注
1	2030	吊式单只单层导架	3	0.39
5				
6	2006530	吊式组合单层直导架	1	3.63
10				
11	*2006530*	*吊式组合单层直导架*	*1*	*0.91*
12	*2030*	*吊式单只单层导架*	*3*	*0.38*
16				
17	FB1-200*300	吊式组合单层直导架脚	3	2.72
18	SH1-0*300	吊式单只单层导架脚	3	0.01
22				
23	DC-20*8	DC型水密围板	1	6.22
27				
28	1L3-1	接线盒	1	0.60
29	1L4-1	接线盒	1	0.60
30	1L10	铜质水密开关插座	1	1.00
34				
35	M8*25	螺栓	12	
36		平垫片	24	
37		螺旋垫片	12	

图 15.28 统计并输出导板的信息

15.9 材料统计表(BOM表)

材料统计表如图 15.29 所示。

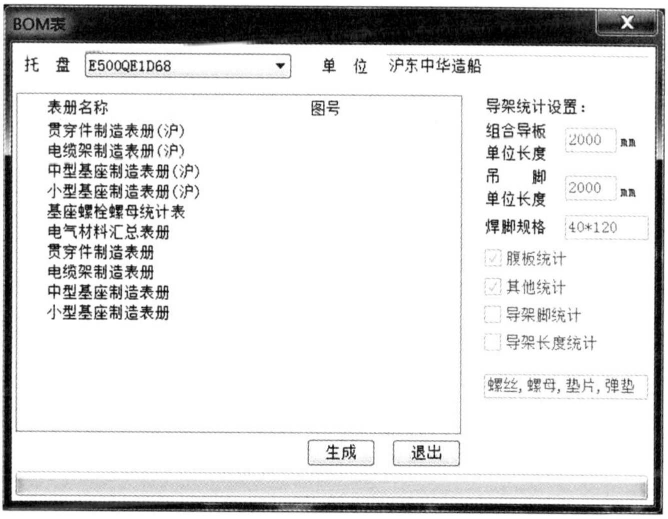

图 15.29 材料统计表

区域：是建立托盘名时输入的，其值对应于托盘名称。

托盘名称：是建立托盘名时输入的，选择托盘名称输出该托盘名内的数据。

选择统计的表名：有贯穿件制造表册（沪）、电缆导架制造表册（简易规格）、中小型基座制造表册（沪），此三个表册适合沪东中华集团；电气材料汇总表册、贯穿件制造表册、电缆导架制造表册（规格）、中型基座制造表册、小型基座制造表册。

图号：是 BOM 表的图号。

单位：公司名称。

确定：生成 BOM 表。

退出：退出对话框。

说明：贯穿件制造表册（沪）和中小型基座制造表册（沪）二个表有许多模板（16 个和 96 个），每个表中都有不同的图片，如果增加一种类型的贯穿件或中小型基座，就需要修改程序并且增加一种模板。后面五个表只有五个模板（电气材料汇总表模板、电缆贯穿件制造图册模板、电缆架制造图册新模板、电气小型基座施工表册模板、电气中型基座施工表册模板）。在模板目录（TemplateTables）中还一个图片目录（Picture），主要是电缆贯穿件和小、中型基座的图片，在生成表册时由系统自动调入图片，保证一个模板产生可以不同类型的制造图册。

15.10　结构开孔表

点击“结构开孔表”按钮，弹出对话框如图 15.30 所示。

图 15.30　生成开孔表

选择需要输出的区域和托盘，并输入图号，点击“生成”，弹出如图 15.31 所示对话框。具体操作参考“管系设计使用说明书”中的“管子结构开孔表”。

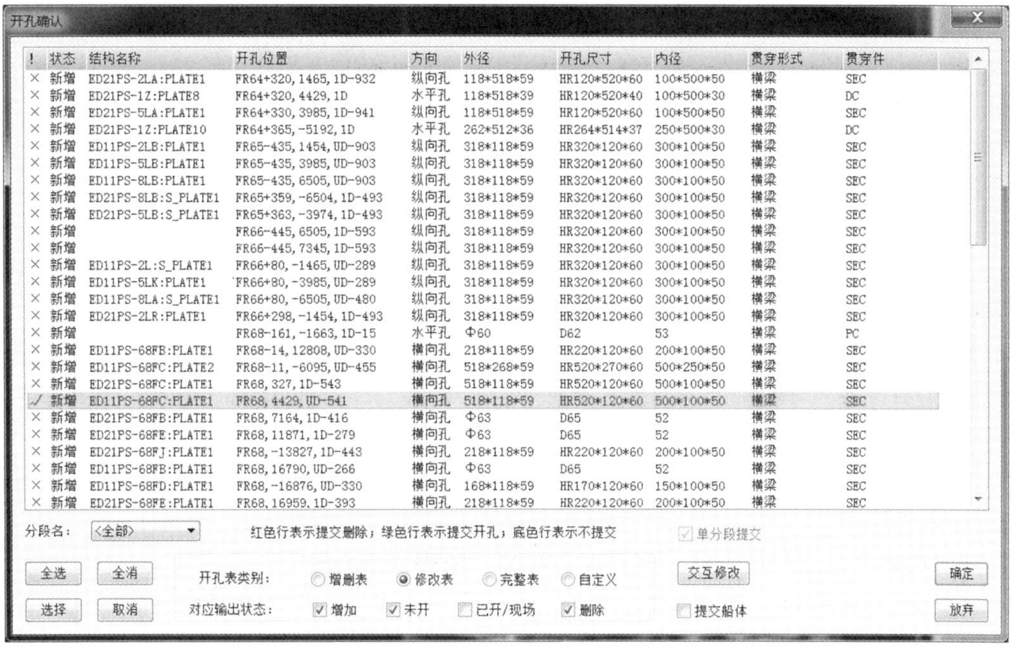

图 15.31　输出的区域和托盘

15.11　电气区域质量汇总

计算当前区域中设备、基座、导架、贯穿件的质量重心。如图 15.32 所示。

图 15.32　电气区域质量汇总

按“提交”按钮,将数据提交到全船质量重心数据库中。

按“输出详细数据”按钮,可生成下列文件。

调用的模板是:《电气质量重心统计模板. xls》

部件的重心都是根据该部件的基点在三维中的坐标计算得到。

①设备质量:根据设备小样中输入的质量得到。

②基座质量:根据标准定义中的材质和实际模型的尺寸计算得到。

③贯穿件质量:如果引用小样模型,则根据小样中输入的质量得到;如果是参数化部件,则根据模型(或标准定义)中的材质和实际模型的尺寸计算得到。

④导架质量:根据标准定义的材质和实际模型的尺寸计算得到;如果没有设置脚的材质,则导架脚也按照导架的材质计算。

15.12 电气全船质量汇总

按照模型文件进行贯穿件、导架、设备和基座的质量重心统计。

勾选“统计范围”后,可以在选择模型文件的基础上,进一步按照范围进行筛选。筛选内容包括:

部件质量统计、部件数据统计、贯穿件统计(统计贯穿件中的填料函用量)、电缆质量统计(统计全船的电缆质量及重心),调用的模板是《电气质量重心统计模板. xls》、《电气托盘管理表模板. xls》。

参 考 文 献

[1] 张春来, 赵殿礼, 文元全. 船舶电气[M]. 大连:大连海事大学出版社, 2008.
[2] 史际昌. 船舶电气设备及系统[M]. 大连:大连海事大学出版社, 1998.
[3] 赵殿礼. 船舶电气设备与系统[M]. 大连:大连海事大学出版社, 2009.
[4] 郑华耀. 船舶电气设备及系统[M]. 大连:大连海事大学出版社, 2005.
[5] 陈刚. 船舶电气[M]. 北京:人民交通出版社, 2011.
[6] 白永昕, 彭成. 船舶电气自动化中几个重要技术的应用[J]. 世界海运, 2005(3):45-47.
[7] 高兴斌, 林叶春, 吴志良. 船舶电气[M]. 大连:大连海事大学出版社, 2014.
[8] 桂永胜, 谢坤, 胡刚义, 等. 船舶电气设备水冷系统研究与开发[J]. 机电工程, 2015, 32(12):1625-1630.
[9] 谢坤. 船舶电气设备高效冷却方案研究与应用[J]. 船电技术, 2017, 37(2):33-37.
[10] 张春来, 吴浩峻. 船舶电气设备管理与工艺[M]. 大连:大连海事大学出版社, 2016.

附　　录

模板字段说明

铜接头统计

如附表 1 所示。

附录 1　模板名称:电气电缆铜接头统计模板. xls

模板字段	解释
$序号$	序号
$电缆型号$	电缆的型号
$电缆规格$	电缆的规格
$电缆对数$	电缆的对数
$电缆芯数$	电缆的芯数
$截面面积$	单芯的截面面积
$铜接头数量$	每一根的铜接头数量
$电缆根数$	电缆根数
$铜接头总数$	一种型号规格的铜接头总数
$铜接头汇总$	相同截面大小的所有电缆铜接头总数

热缩套管统计

如附表 2 所示。

附表 2　模板名称:电气设备热缩套管配套明细表模板. xls

模板字段	解释
$序号$	序号
$名称$	设备名称
$穿线管$	穿线管打钩标志
$填料函$	填料函打钩标志
$电缆型号$	电缆的型号
$电缆规格$	电缆的规格

附表 2(续)

模板字段	解释
$ 电缆数量 $	该型号和规格下的电缆数量
$ 最大外径 $	该型号和规格的最大外径
$ M1 $	采用的热缩套管标准
$ M2 $	采用的热缩套管标准
$ M3 $	采用的热缩套管标准
$ M4 $	采用的热缩套管标准
$ M5 $	采用的热缩套管标准
$ M6 $	采用的热缩套管标准
$ 热缩套管数量 $	热缩套管数量
$ H1 $	热缩前大端
$ J1 $	热缩前小端
$ H2 $	热缩后大端
$ J2 $	热缩后小端

防护罩清册

如附表 3 所示。

附表 3　模板名称:电气设备施工用防护罩清册模板.xls

模板字段	解释
$ 序号 $	序号
$ 设备名称 $	设备名称(如果是电气设备则是中文说明,如果是外专业设备则是外专业设备名称+区域)
$ 型号 $	部件代号
$ 甲板 $	甲板
$ 肋位 $	肋位
$ 船舷 $	船舷:左(小于-500)、中(-500 到 500)、右(大于 500)
$ 安装部位 $	设备中的基座连接点(或基点)的位置
$ 数量 $	数量
$ 外形 $	小样的外形尺寸(宽、厚、高)
$ 立式 $	安装形式打钩
$ 壁式 $	安装形式打钩
$ 顶式 $	安装形式打钩
$ 备注 $	
$ 质量 $	设备的质量

设备质量统计

如附表 4 所示。

附表 4　模板名称:电气设备原理质量统计模板. xls

模板字段	解释
$ 序号 $	序号
$ 设备类型 $	设备类型(PMC)
$ 设备编号 $	设备编号
$ 中文说明 $	设备标准管理中的中文说明
$ 英文说明 $	设备标准管理中的英文说明
$ 中英文说明 $	设备标准管理中的中文说明+英文说明
$ 型号 $	设备标准管理中的型号
$ 规格 $	设备标准管理中的规格
$ 中文厂商 $	设备标准管理中的中文厂商
$ 图号 $	
$ 单位质量 $	设备小样中的设备质量
$ 数量 $	设备数量
$ 总质量 $	总质量
$ 肋位 1 $	*X* 方向的船体坐标(肋位)
$ 偏移 1 $	*X* 方向的船体坐标(偏移)
$ 肋位 $	*X* 方向的绝对坐标(m)
$ 力矩 *X* $	*X* 方向的力矩(kg · m)
$ 船舷 $	*Y* 方向的绝对坐标(m)
$ 力矩 *Y* $	*Y* 方向的力矩(kg · m)
$ 甲板 $	*Z* 方向的绝对坐标(m)
$ 力矩 *Z* $	*Z* 方向的力矩(kg · m)

设备数据统计

如附表 5 所示。

附表 5　模板名称:电气设备原理数据统计模板. xls

模板字段	解释
$ 序号 $	序号

附表 5(续)

模板字段	解释
\$设备类型\$	设备类型
\$设备编号\$	设备编号
\$中文说明\$	设备标准管理中的中文说明
\$英文说明\$	设备标准管理中的英文说明
\$中英文说明\$	设备标准管理中的中文说明+英文说明
\$型号\$	设备标准管理中的型号
\$规格\$	设备标准管理中的规格
\$中文厂商\$	设备标准管理中的中文厂商
\$图号\$	
\$单位质量\$	设备小样中的设备质量
\$数量\$	设备数量
\$总质量\$	总质量
\$肋位 1\$	*X* 方向的船体坐标(肋位)
\$偏移 1\$	*X* 方向的船体坐标(偏移)
\$肋位\$	*X* 方向的绝对坐标(m)
\$力矩 X\$	*X* 方向的力矩
\$船舷\$	*Y* 方向的绝对坐标
\$力矩 Y\$	*Y* 方向的力矩
\$甲板\$	*Z* 方向的绝对坐标
\$力矩 Z\$	*Z* 方向的力矩
\$符号\$	在\TemplateTables\ELEC\PICTURE 中保存的图片,和设备标准管理中的设备类型一致
\$舱室代号\$	舱室代号
\$舱室名称\$ \$推荐基座\$	舱室名称 部件定义中设置的推荐基座
\$系统号\$	系统号
\$系统名称\$	系统名称
\$子系统号\$	子系统号
\$子系统名称\$	子系统名称

电气托盘管理表

如附表 6 所示。

附表 6　模板:电气托盘管理表模板.xls

标题字段	解释
$公司名称$	公司名称
$工程编号$	工程编号
$工程名称$	工程名称
$舾装代码$	舾装代码
$区域$	区域
$托盘名称$	托盘编号
$托盘说明$	托盘说明
$图号$	图号
$图名$	图纸名称
模板字段	解释
$序号$	序号
$部件类型$	部件标准管理中的类型(PMC)
$型号$	部件标准管理中的型号(PMK)
$规格$	部件标准管理中的参数设置内容
$型号+规格$	上面两项内容相加
$简易规格$	导架:按照部件标准管理中的规格(JMC)计算 贯穿件:按照部件标准管理中的规格计算 设备:设备编号; 基座:基座编号(没有设备的基座);
$中文名称$	部件标准管理中的中文名称
$英文名称$	部件标准管理中的英文名称
$中英文名称$	设备标准管理中的中文说明+英文说明
$数量$	数量
$质量$	质量
$单重$	单重
$备注$	设备:输出设备对应的基座编号 导架:高低脚信息、层高信息
$材质$	标准管理中选择的材质
$编码$	电装编码+区域+舾装件编号
$标准图号$	标准管理中的图号
$清单号$	标准管理中的清单号
$托盘名称$	托盘名称
$区域-序号$	仅对导架脚统计有效;

附表 6(续)

标题字段	解释
$尺寸规格$	仅对导架脚统计有效;*H*=脚高, *W*=宽度
$图号$	导架、贯穿件、基座:对应的制造图图号
$基座编号$	设备:连接的基座编号
$处理$	标准管理中的处理
$涂装$	标准管理中的涂装
$来源$	标准管理中的来源
$电装编码$	标准管理中的电装编码
$标准图号$	标准管理中的标准图号
$清单号$	标准管理中的清单号

注:1. 对于配有设备的基座,如果设备选入托盘而对应基座没有选入,则输出的时候设备对应的基座仍然会输出;如果基座选入托盘而对应的设备没有选择托盘,则该基座不会输出;

2. 对于没有设备的基座,如果选入了托盘,则基座会独立输出。

设备托盘管理表

如附表 7 所示。

附表 7　模板:电气设备托盘管理表模板. xls

标题字段	解释
$公司名称$	公司名称
$工程编号$	工程编号
$工程名称$	工程名称
$舾装代码$	舾装代码
$区域$	区域
$托盘名称$	托盘编号
$托盘说明$	托盘说明
$图号$	图号
模板字段	解释
$序号$	序号
$设备编号$	设备原理编号(mdn)
$设备类型$	设备部件标准管理中的设备类型
$中文说明$	部件标准管理中的设备中文说明(DC)
$英文说明$	部件标准管理中的设备中文说明(DE)
$中文厂商$	部件标准管理中的中文厂商(FC)

附表 7(续)

模板字段	解释
$设备型号$	部件标准管理中的设备型号
$设备规格$	部件标准管理中的设备规格
$基座编号$	基座编号(dsm)
$基座类型$	部件标准管理中的基座的类型(sname)
$基座编号_基座类型$	dsm_sname
$安装位置$	设备中的基座连接点(或基点)的位置
$数量$	该设备的数量,应该为 1
$单重$	设备质量
$质量$	设备质量+基座质量
$设备质量$	设备质量
$基座质量$	基座质量
$系统号$	设备所属的系统号
$系统名称$	设备所属的系统名称
$子系统号$	设备所属的子系统号
$子系统名称$	设备所属的子系统名称
$配装基座$	基座标准中的 JMC
$支架代号$	区域_舾装编号
$舱室代号$	设备所属的舱室代号
$舱室名称$	设备所属的舱室名称
$螺栓数量$	设备所对应的基座中的螺栓数量
$螺栓规格$	设备所对应的基座中的螺栓规格
$部件名称$	设备对应的小样名称
$基座材质$	设备所对应的基座材质

贯穿件制造表册(沪)

模板:用户自己制作,文件名要使用部件标准管理中贯穿件的中文说明再加上“模板”两字,保存为 Excel 文件,如附表 8 所示。

附表 8　贯穿件制造表册模板.xls

标题字段	解释
$工程编号$	工程编号
$工程编号组$	工程编号组

附表 8(续)

标题字段	解释
$ 工程名称 $	工程名称
$ 公司名称 $	公司名称
$ 图号 $	图号
$ 图名 $	图纸名称
$ 区域 $	区域
$ 托盘 $	托盘编号(在只选择一个托盘的前提下)
$ A1 $ … $ A10 $	部件标准管理中的“参数设置”中的“符号”
模板字段	解释
$ 序号 $	序号
$ 简易规格 $	贯穿件:按照部件标准管理中的规格计算
$ 代号 $	根据部件标准管理中的简易规格一栏公式计算,如果这一栏没填则输出贯穿件的名称
$ 制造数 $	贯穿件数量
$ 数量 $	同 $ 制造数 $
$ 质量 $	贯穿件总质量
$ 单重 $	每个贯穿件质量
$ B1 $ … $ B10 $	部件标准管理中的“参数设置”中的“表册符号”

电缆架制造表册(沪)

如附表 9 所示。

附表 9　导架模板:电缆架制造图册模板. xls

标题字段	解释
$ 工程编号 $	工程编号
$ 工程编号组 $	工程编号组
$ 工程名称 $	工程名称
$ 公司名称 $	公司名称
$ 图号 $	图号
$ 图名 $	图纸名称
$ 区域 $	区域
$ 托盘 $	托盘编号(在只选择一个托盘的前提下)
$ 打印日期 $	打印日期

附表 9(续)

模板字段	解释
$ 型号 $	部件标准管理中的型号
$ 类型 $	部件标准管理中的导架名称
$ 规格 $	部件标准管理中的参数设置内容
$ 简易规格 $	简易规格,根据部件标准管理中的简易规格一栏计算
$ 号 1 $	宽度除 10
$ 号 2 $	长度除 10
$ 号 3 $	脚高除 10
$ 号 4 $	*W* 表示双层,*T* 表示三层,*H* 表示高低脚
$ 号 5 $	*R* 表示壁式,
$ *W* $	宽度
$ *L* $	长度
$ *H*1 $	第一对脚中长的一只脚长度
$ *H*2 $	第二对脚中长的一只脚长度
$ *H*3 $	第三对脚中长的一只脚长度
$ *H*4 $	第四对脚中长的一只脚长度
$ *H*1*R* $	第一对脚中的右脚
$ *H*1*L* $	第一对脚中的左脚
$ *H*2*R* $	第二对脚中的右脚
$ *H*2*L* $	第二对脚中的左脚
$ *H*3*R* $	第三对脚中的右脚
$ *H*3*L* $	第三对脚中的左脚
$ *H*4*R* $	第四对脚中的右脚
$ *H*4*L* $	第四对脚中的左脚
$ 间距 $	多层导架的层高
$ 安装位置 $	
$ 数量 $	数量
$ 模型号 $	导架模型号
$ 材质 $	材质
$ 质量 $	导架总质量
$ 单重 $	导架单重
$ 面积 $	导架表面积

绑带弯件模板:用户自己制作,文件名要使用部件标准管理中绑带弯件的中文说明再加上“模板”两字,保存为 Excel 文件,如附表 10 所示。

附表 10　绑带弯件模板.xls

标题字段	解释
$工程编号$	工程编号
$工程编号组$	工程编号组
$工程名称$	工程名称
$公司名称$	公司名称
$图号$	图号
$图名$	图纸名称
$区域$	区域
$托盘$	托盘编号(在只选择一个托盘的前提下)
模板字段	解释
$型号$	部件标准管理中的型号
$名称$	部件标准管理中的导架名称
$规格$	部件标准管理中的参数设置内容
$简易规格$	简易规格,根据部件标准管理中的规格一栏计算
$*Wt*$	宽度×厚度
$*W*$	绑带弯件宽度
$*t*$	绑带弯件厚度
$*L*$	绑带弯件长度
$*H*$	两只脚中长的一只脚
$*H*1$	左脚高
$*H*2$	右脚高
$*D*$	绑带间距
$数量$	数量
$模型号$	绑带弯件模型号
$材质$	材质
$质量$	绑带弯件总质量
$单重$	绑带弯件单重
$面积$	绑带弯件表面积

中型基座制造表册(沪)

中型基座模版按照一种参数化部件一个模板的方式,系统自带所有中型基座的制作表册模版，不需要用户制作。

模板：中型基座××××施工表册模板.xls，其中“××××”为四字节的参数号，如附表11、附表12所示。

附表 11　表格头变量

模板字段	解释
$Shipyard$	公司名称
$DrawingNo$	图号
$ProjectNo$	工程编号
$ProjectGroupNo$	工程编号组
JMC	基座型号（基座的部件代号）
$SNAME$	同JMC
DSM	基座编号
MDN	设备编号
PMC	设备型号（设备的部件代号）
DC	设备中文名称
$DECK_AREA$	甲板、区域
$ROOM$	舱室
P	基点坐标
$WEIGHT$	基座质量
$BOLT_CNT$	螺栓统计
$MSPEC_CNT$	型材统计

附表 12　表格行变量

模板字段	解释
$钢材主$	主材规格
$钢材辅$	辅材规格
A、B、H等	安装尺寸、脚高等
NS	螺孔直径
$WEIGHT$	基座质量（kg）

小型基座制造表册（沪）

小型基座模版按照一种参数化部件一个模板的方式，系统自带所有小型基座的制作表册模版，不需要用户制作。

模板：小型基座××××施工表册模板.xls，其中“××××”为四字节的参数号，如附表13、附

表 14 所示。

附表 13　表格头变量

模板字段	解释
$ Shipyard $	公司名称
$ DrawingNo $	图号
$ ProjectNo $	工程编号
$ ProjectGroupNo $	工程编号组
$ JMC $	基座型号(基座的部件代号)
$ SNAME $	同 $ JMC $
$ BOLT_CNT $	螺栓统计
$ MSPEC_CNT $	型材统计

附表 14　表格行变量

模板字段	解释
$ MDN $	设备编号
$ DC(PMC) $	设备中文名及类型
$ DC(MDN) $	设备中文名及设备编号
$ DSM $	基座编号
$ P $	基点坐标
$ PREFIX $	基座编号
$ AREA $	区域
$ DS $	甲板
$ A $、$ B $、$ H $ 等	安装尺寸、脚高等
$ NS $	螺孔直径
$ WEICHT $	基座质量
$ CNT $	数量

小型基座统计有两种方式：

每种基座型号生成一个 Excel，每个基座占表格中的一行。

按型号+安装尺寸，每种组合生成一个 Excel，每个 Excel 中，脚高相同的基座统计在同一行。

两种生成方式，在 SetupArx. ini 文件中设定：

[ELEC_SPED]

USEALIAS = 0

0：每种小型基座生成一张表册，每个基座占一行；

1:根据安装尺寸统计生成表册。

模板:电气基座螺栓螺母汇总表模板.xls,如附表15、附表16所示。

附表15　表格头变量

模板字段	解释
$CompanyName$	公司名称
$DrawingNo$	图号
$ProjectNo$	工程编号

附表16　表格行变量

模板字段	解释
$序号$	顺序号
$螺栓规格$	螺栓规格
$螺栓数量$	螺栓数量
$螺母数量$	螺母数量
$平垫片数量$	平垫片数量
$弹簧垫片数量$	弹簧垫片数量

结构开孔表

如附表17所示。

附表17　模板:贯穿件开孔表模板.xls

模板字段	解释
$序号$	序号
$板架名称$	贯穿件贯穿的板架名称
$距肋$	*X*方向(船体坐标)
$距舯$	*Y*方向(船体坐标)
$距高$	*Z*方向(船体坐标)
$高度$	*Z*方向(绝对坐标)
$孔径$	开孔的尺寸
$孔径1$	开孔的开孔
$外径$	贯穿件外径尺寸
$内径$	贯穿件内径尺寸
$开孔类型$	圆形、方形、腰圆形、其他
$当前托盘$	贯穿件托盘

附表 17(续)

模板字段	解释
$方向$	贯穿件方向
$备注$	新增、修改、删除
$处理$	未开、已开、已拒
$贯穿件代号$	贯穿件简易规格
$贯穿形式$	贯穿形式
$贯穿件$	
$贯穿件名称$	贯穿件类型
$贯穿件中文说明$	贯穿件中文说明

部件质量统计

如附表 18 所示。

附表 18　模板:《电气质量重心统计模板. xls》

模板字段	解释
$序号$	序号
$设备名称$	
$类型$	
$质量$	质量
$肋位 1$	船体坐标的肋位 FR20
$偏移 1$	肋位下的偏移
$肋位$	绝对坐标的肋位
$力矩 *X*$	*X* 方向的力矩
$船舷$	绝对坐标的船舷
$力矩 *Y*$	*Y* 方向的力矩
$甲板$	绝对坐标的船高
$力矩 *Z*$	*Z* 方向的力矩
$数量$	数量

部件数据统计

如附表 19 所示。

附表 19　模板:电气托盘管理表模板. xls

模板字段	解释
$序号$	序号
$部件类型$	部件标准管理中的类型
$型号$	部件标准管理中的型号
$规格$	部件标准管理中的参数设置内容
$型号+规格$	上面两项内容相加
$简易规格$	导架和贯穿件:根据部件标准管理中的简易规格一栏的公式计算,如果没有公式,则取部件类型; 设备:设备编号; 基座:基座编号;
$中文名称$	部件标准管理中的中文名称
$英文名称$	部件标准管理中的英文名称
$中英文名称$	设备标准管理中的中文说明+英文说明
$数量$	数量
$单重$	单重
$质量$	质量
$备注$	

主干电缆表册

如附表 20 所示。

附表 20　模板:主干电缆表册模板. xls

模板字段	解释
$序号$	序号
$编号$	电缆编号
$系统号$	系统号
$系统名称$	系统名称
$子系统号$	子系统号
$子系统名称$	子系统名称
$型号$	电缆型号
$规格$	电缆规格
$外径$	电缆外径
$舱室 1$	起始设备所属的舱室中文名称
$舱室 1$	起始设备所属的舱室中文名称

附表 20(续 1)

模板字段	解释
$ 设备编号 1 $	起始设备设备编号
$ 中文说明 1 $	起始设备部件定义中的中文说明
$ 部件 HZ1 $	起始设备部件定义中的中文说明+设备编号
$ 英文说明 1 $	起始设备部件定义中的英文说明
$ 部件 HP1 $	起始设备部件定义中的英文说明+设备编号
$ 中英文说明 1 $	起始设备部件定义中的中英文说明
$ 中英文+编号 1 $	起始设备部件定义中的中英文说明+设备编号
$ 甲板 1 $	起始设备所属甲板的中文名称
$ 区域 1 $	起始设备所属区域
$ 船舷 1 $	起始设备所在船舷,右;中;左
$ 肋位 1 $	起始设备所在的肋位
$ 所有节点 $	电缆经过的所有节点
$ 人工节点 $	电缆经过的所有节点代号为人工代号
$ 要求节点 $	电缆经过的所有节点属性为要求节点
$ 不要求节点 $	电缆经过的所有节点属性为不是要求节点
$ 舱室 2 $	终止设备所属的舱室中文名称
$ 设备编号 2 $	终止设备设备编号
$ 中文说明 2 $	终止设备部件定义中的中文说明
$ 部件 HZ2 $	终止设备部件定义中的中文说明+设备编号
$ 英文说明 2 $	终止设备部件定义中的英文说明
$ 部件 HP2 $	终止设备部件定义中的英文说明+设备编号
$ 中英文说明 2 $	终止设备部件定义中的中英文说明
$ 中英文+编号 2 $	终止设备部件定义中的中英文说明+设备编号
$ 甲板 2 $	终止设备所属甲板的英文名称
$ 区域 2 $	终止设备所属区域
$ 船舷 2 $	终止设备所在船舷,右;中;左
$ 肋位 2 $	终止设备所在的肋位
$ 总长 $	电缆总长,包括首尾设备中的电缆余量
$ 标记 $	起始设备到停止点的长度,包括首设备中的电缆余量
$ 长度 $	电缆总长-电缆标记长度
$ 停止点 $	停止点
$ 电缆类别 $	电缆类别

附表 20(续)

模板字段	解释
$质量$	电缆质量
$预估长度$	预估长度
$根数+规格$	电缆根数加规格
$根数$	电缆根数
$DP 分类$	DP 分类:"主电缆"或"备用电缆"
$电缆余量 1$	起始设备中的电缆余量
$电缆余量 2$	终止设备中的电缆余量
$人工路径$	人工编辑的电缆路径
$甲板舱室 1$	起始设备的甲板名称+舱室名称
$甲板舱室 2$	终止设备的甲板名称+舱室名称

连接点设置

设备连接点

设备小样分四种:落地式、壁挂式、吊顶式和其他(不知道其设备小样是壁挂式或吊顶式,如接线盒、插座等,只能选择其他)

同型号的设备小样可能要做两个小样,如舱顶灯,安装在天花板上或舱壁上,必须做两个小样,即壁挂式和吊顶式两种。

小样描述的坐标原点将作为设备基点。

基准方向(U 向):永远为(1,0,0)。

连接方向:挂壁式为(0,1,0),吊顶式为(0,0,1),落地式为(0,0,-1)。

贯穿件连接点:如附表 21、附表 22 所示。

附表 21 贯穿体连接点(Ⅰ)

类别		板架穿孔=15	
程序符号	圆形	方形	腰圆
short fn;	0	0	0
short nd;	0	0	0
float fd;	0	贯穿件截面长	贯穿件截面长
float fp;	0	开孔截面长	开孔截面长
float fh;	板架开孔直径	开孔截面宽	开孔截面宽
float dn;	贯穿件外径	贯穿件截面宽	贯穿件截面宽
float ns;	0	开孔倒角	0
float nl;	0	倒角(R)	0

附表 22　贯穿体连接点(Ⅱ)

类别		电缆导架 = 76	
程序符号	圆形	方形	腰圆形
short fn;	0	0	0
short nd;	0	倒角(R)	0
float fd;	外径	长边外径	直边外径
float fp;	内径	长边内径	直边内径
float fh;	0	短边内径	圆边内径
float dn;	0	短边外径	圆边外径
float ns;	贯穿件长度	贯穿件长度	贯穿件长度
float nl;	壁厚	壁厚	壁厚
1(fn)　3(fd)　4(fp)　5(fh) 2(nd)　6(dn)　7(ns)　8(nl)			